101

ideas creativas para
MAESTROS

editorial clie

David Merkh y Paulo França

EDITORIAL CLIE
C/ Ferrocarril, 8
08232 VILADECAVALLS
(Barcelona) ESPAÑA
E-mail: libros@clie.es
http://www.clie.es

101 IDEAS CREATIVAS PARA MAESTROS
ISBN: 978-84-8267-842-9
Depósito Legal.: B. 17680-2013
MINISTERIOS CRISTIANOS
Recursos Pastorales
Referencia: 224809

DEDICATORIA

Queremos dedicar ese trabajo a dos colegas, amigos, mentores y maestros: **El profesor Daniel Lima y la profesora Vera Brock,** *que nos han incentivado hacia la excelencia en la enseñanza*

PRESENTACIONES

David Merkh fue uno de esos alumnos raros que entraban en mi clase, con hambre de aprender. Él cavaba hondo para descubrir la verdad y siempre se expresaba con originalidad y creatividad. Yo consideraba su interés por el estudio de la Palabra de Dios como un estímulo para mí, y dirigido por el Espíritu, y tengo gran placer al saber que él y su esposa Carol Sue han escrito la serie 101 Ideas Creativas. Mi oración es que las perspectivas originales de David continúen iluminando maestros y alumnos en el futuro, pues él tiene mucho que dar.

Howard G. Hendricks
Distinguished Teacher and Chairman
Center for Christian Leadership
Dallas Theological Seminary

Desde hace 16 años tengo el placer de convivir con Paulo França como maestro, amigo, orientador y colega de trabajo. Paulo siempre se destacó por tener una mente que cuestiona mucho y muy creativa. Esto, unido a la capacidad de organizar y ejecutar proyectos y un deseo sincero de marcar la diferencia para Dios, le ha dado un ministerio muy eficaz. Acompaño los libros de la serie "101 Ideas Creativas", y creo que su trabajo con David Merkh será una gran contribución para los maestros y educadores cristianos en nuestro medio. Incentivo al lector a explorar este libro y así ser bendecido como lo he sido yo, por la vida y ministerio de Paulo França.

Daniel Lima
Pastor coordinador
Primera Iglesia Bautista en Porto Alegre - Conde
Porto Alegre - RS - Brasil

SOBRE LOS AUTORES

David Merkh, está casado con Carol Sue desde 1982, tiene una maestría en el Antiguo Testamento del Seminario Teológico de Dallas en EUA, donde está terminando su doctorado en educación cristiana (énfasis familiar). Desde su llegada al Brasil en 1987, David ha enseñado en el Seminario Bíblico Palabra de Vida. Tiene un ministerio de exposición bíblica en la Primera Iglesia Bautista de Atibaia, SP - Brasil. David y Carol tienen 6 hijos.

Paulo França sirve como Coordinador de Graduación del Seminario Bíblico Palabra de Vida, donde obtuvo su título en educación cristiana. Actualmente está cursando su maestría en Historia de la Iglesia en la Universidad Mackenzie, SP - Brasil. Él y su esposa Sandra tienen 2 hijos. Paulo también es presbítero en la iglesia Evangélica Congregacional de Atibaia, donde se desempeña como maestro de adultos en la Escuela Bíblica Dominical. Dicta cursos de capacitación de maestros y de didáctica en iglesias y colegios en Brasil.

CONTENIDO

INTRODUCCIÓN

"El gran maestro es aquel que transforma los oídos de sus alumnos en ojos."[1]

Escribimos este libro no como teóricos en el mundo de la didáctica, sino como maestros. Maestros en la práctica, que viven día a día la urgencia de transmitir palabras vivas de una forma viva. Maestros que, quizás más de lo que nos gustaría admitir, sienten la falta DE AQUELLA idea correcta en la hora correcta, que transformaría una clase cerebral en algo real. Maestros que en muchas ocasiones querrían tener un volumen como este en sus manos antes de dar "otra clase más".

En una visita reciente a una de las más grandes librerías no cristianas del Brasil, descubrimos más de 3 estantes enteros dedicados al tema "didáctica". Ojeando aquellas centenas de libros, nos dimos cuenta que casi todos trataban la enseñanza desde el punto de vista académico, teórico, abstracto y profesional. Había poco o nada de ayuda concreta, simple pero dinámica para maestros en ejercicio como nosotros. Y si no encontramos material didáctico de esa naturaleza en los estantes seculares, ¿qué podemos decir de la enorme necesidad en el medio evangélico?

Sin caer en el pragmatismo, nuestro deseo es suplir ese material práctico y bíblico para la Iglesia Evangélica y, (¿por qué no?) para escuelas públicas y privadas. Queremos ofrecer un **catálogo** de ideas, no como una lista final y exhaustiva, sino como estímulo a la creatividad del lector. Somos soñadores al punto de pensar que nuestra pequeña contribución pueda revolucionar la

---

[1] Proverbio oriental citado por Warren W. Wiersbe en *Preaching and Teaching with Imagination*, Grand Rapids: Baker Book House, 1994, p.6.

enseñanza de centenas y, quien sabe, millares de maestros y, por medio de ellos, incontables alumnos.

Nuestra visión se extiende de la sala cuna y del jardín de infantes hasta el seminario bíblico y la universidad; del niño en la escuela dominical hasta el pastor en el púlpito. ¿Nuestro deseo? Una transformación de la enseñanza, de la mediocridad a la excelencia, de lo pasivo a lo activo, de lo aburrido y letárgico a lo energético y genial.

Soñamos con maestros que VIVAN lo que enseñan. Que sean facilitadores del aprendizaje y no sólo fuentes de hechos o transmisores de contenido. Que impacten no sólo la mente de sus alumnos, sino también su corazón y su voluntad. Que transformen los oídos de sus alumnos en ojos, para que vean y prueben la verdad.

CÓMO USAR ESTE LIBRO

Sugerimos algunos usos prácticos para este texto:

1. Como catálogo de ideas creativas para ser ojeado antes de enseñar su clase. Después de una primera leída, sugerimos que el maestro use el "Índice" para recordar algunas técnicas, buscando las ideas más adecuadas para la lección de la semana.

2. Como registro de ideas usadas. Para cerciorarse que su clase continúa variada y dinámica, anote en el índice de este libro o en la página donde está explicada, la fecha y el lugar donde se usó. También puede anotar cualquier observación sobre el uso de dicha idea en el futuro. De esta manera, podrá recordar no sólo lo que funcionó, sino cuándo y cómo.

3. Como estímulo de sus propias ideas. Juntando las ideas de este libro con SU conocimiento de SU realidad de vida y del contexto de SUS alumnos, NUEVAS ideas surgirán. Como Blaise Pascal dijo en cierta ocasión, "*¡Que no se diga que no dije nada nuevo; el arreglo del material es nuevo!*"[2]

Anote sus propias ideas al final del texto, para que no sean olvidadas en el "corre-corre" de la vida.

4. Como currículo de capacitación de maestros. Los primeros capítulos ofrecen sugerencias para discusión al final de cada uno. Las ideas que siguen podrían ser fácilmente explicadas y demostradas en otros períodos de capacitación.

5. Como regalo para el maestro de sus hijos, sea en la iglesia, sea en la escuela. ¿Qué tal regalar en el Día del Maestro algo más impactante que perfume o chocolates? ¿Algo que puede transformar y hacer dinámica su vida y la vida de sus alumnos?

---

[2] Blaise Pascal, citado en Wiersbe, p. 88.

¡Qué los principios para maestros y sugerencias dinámicas y didácticas que siguen enriquezcan su enseñanza para el bien de muchas vidas!

PARTE 1

PRINCIPIOS PARA EL MAESTRO

El maestro sabio: Comunicación con creatividad y carácter

Se cuenta la historia de tres personas que viajaban juntas en avión - un programador de computadores, un joven "boy-scout", y un pastor. En la mitad del vuelo la voz del piloto rompió el silencio diciendo que el avión estaba cayendo. Desdichadamente, sólo había 3 paracaídas para cuatro personas. Fue en ese momento que el piloto salió de la cabina, cogió el primer paracaídas, y dijo: "Tengo una esposa y 3 niños pequeños en casa, y ellos me necesitan," y saltó del avión. Enseguida el programador de computadores declaró: "¡Soy la persona más inteligente del mundo, y ellos me necesitan!" Cogió el segundo paracaídas y también saltó. Eso dejó solamente al joven "boy-scout" y al pastor. Entonces el pastor, resuelto pero con voz temblorosa, le dijo al joven, "Tengo una vida buena, y sé para donde voy. Coja usted el último paracaídas, y yo me caeré con el avión." Pero el joven "boy-scout" miró al pastor y respondió, "¡No se preocupe, pastor. El hombre más inteligente del mundo saltó del avión con mi mochila en la espalda!"

Esta historia ilustra la diferencia entre **conocimiento y sabiduría.** *El conocimiento de los hechos no siempre implica saber cómo usarlos en la vida real. Por eso, hay mucha diferencia entre ser un maestro que tiene información, y un maestro que consigue comunicar este contenido por causa del propio carácter y por la enseñanza creativa.*

¿Cuáles son las cualidades que distinguen a un maestro "conocedor" y un maestro "sabio"? Es interesante notar que la propia Biblia hace esta distinción. Con palabras sorprendentemente actuales nos enseña que **el maestro sabio se preocupa con la comunicación creativa de un contenido que transforma el carácter.**

Hace muchos años, el autor del libro de Eclesiastés, llamado "el maestro" o "predicador" en la Biblia, ejemplificaba las tres cualidades esenciales para todos los que presumen enseñar a otros:

"Y cuanto más sabio fue el Predicador, tanto más enseñó sabiduría al pueblo; e hizo escuchar, e hizo escudriñar, y compuso muchos proverbios. Procuró el Predicador hallar palabras agradables, y escribir rectamente palabras de verdad. Las palabras de los sabios son como aguijones; y como clavos hincados son las de los maestros de las congregaciones, dadas por un Pastor" (Eclesiastés 12:9-11).

Podemos resumir esas cualidades de la siguiente manera:

1. **Contenido**
2. **Comunicación creativa**
3. **Carácter consecuente**

El Maestro sabio: comunica con creatividad

De acuerdo con el ejemplo del "Maestro" en Eclesiastés, el maestro sabio se preocupa no solamente con **lo que** enseña, sino también **cómo** lo enseña. Su uso de "proverbios y dichos" significa un esfuerzo para hacer la información abstracta y aparentemente irrelevante (a veces, que cansaba demasiado) en algo práctico, concreto y vivo. Implica la utilización de analogías, comparaciones, historias, anécdotas, estudios de casos y audiovisuales. El "Maestro" enseñaba "de modo agradable e interesante." No es coincidencia que el más grande Maestro que haya vivido, el Señor Jesús, también enseñaba de esa manera. La Biblia nos dice que "sin parábolas (historias) Jesús no les enseñaba nada" (Mateo 13:34).

El Maestro sabio comunica a través del carácter

Es probable que usted aún recuerde a un maestro creativo que se preocupaba no sólo con el contenido, sino también con su vida. Probablemente fue el carácter de aquel maestro junto con su preocupación con una clase bien dada, que impactó su vida.

La instrucción hecha en un vacío moral acaba siendo una enseñanza inmoral. El maestro en Eclesiastés reconocía muy bien este hecho, pues termina su libro enfatizando la importancia del carácter en la enseñanza y en la vida: *"El fin de todo el discurso oído es este: Teme a Dios, y guarda sus mandamientos; porque esto es el todo del hombre. Porque Dios traerá toda obra a juicio, juntamente con toda cosa encubierta, sea buena o sea mala" (Eclesiastés 12:13,14).* En otras palabras, conocimiento y contenido en sí no son suficientes para influenciar positivamente a las personas. Ser maestro no es simplemente otro ministerio más u otra profesión más. Ser maestro significa abrazar una de las responsabilidades más dignas posibles - formar vidas. El maestro sabio tiene una relación con Dios que transforma su propio carácter y acaba formando el carácter de sus alumnos.

El Nuevo Testamento deja en claro que eso solamente sucede cuando el maestro tiene un encuentro personal con Dios por medio del Señor Jesucristo, que dice *"Jesús le dijo: Yo soy el camino, y la verdad, y la vida; nadie viene al Padre, sino por mí"* (Juan 14:6). (Para saber más sobre cómo tener esa relación íntima - y sabia - con Dios por medio de Cristo, vea el Apéndice 1, "Preguntas y Respuestas sobre la Vida Eterna").

Felicitaciones a los maestros que se preocupan no sólo con el contenido, sino con la comunicación creativa de lo que saben. Graban en la mente de sus alumnos la información que tanto necesitan. Felicitaciones a los maestros que viven lo que enseñan, y enseñan lo que viven. Graban para siempre en el corazón de sus alumnos el carácter que hace tanta falta en nuestros días. Por causa de ellos, no tenemos que saltar del avión de la vida con una mochila en la espalda.

El maestro sabio:
10 Preguntas que todo maestro debe responder[3]

El Dr. Robert Choun, Jr., sugiere que el maestro sabio debe responder estas preguntas antes de entrar en el salón de clase:

1. **¿Cuáles son las metas y objetivos de la lección?** (¿Qué es lo que usted quiere que sus alumnos conozcan, sientan y hagan como resultado de la clase?)

---

[3] Robert Joseph Choun, Jr. "Choosing and Using Creative Methods" en *The Christian Educator's Handbook on Teaching*, Kenneth O. Gangel y Howard G. Hendricks, eds. (USA: Victor Books, 1988), pp. 168-169.

2. **¿Cuántos alumnos habrá en su clase?** (Un grupo grande tendrá que ser dividido en grupos más pequeños. ¿Quién va a liderar esos grupos? ¿Dónde trabajarán? ¿Por cuánto tiempo?)

3. **¿Cuál es el tamaño del salón de clase?** (¿Puede ser dividido? ¿Todos los alumnos caben con comodidad? ¿Hay limitaciones físicas? ¿Dónde queda el sanitario?)

4. **¿Cuánto tiempo tendrá para dirigir la clase?** (Tiene que descubrir el tiempo REAL de la clase, además de los ejercicios de apertura, lista de asistencia, avisos, etc.)

5. **¿Cuáles son los recursos y equipos disponibles?** (¿Existe un tablero? ¿Retroproyector? ¿Murales? ¿Rotafolio? ¿Crayolas?)

6. **¿Cuál es el currículo que está siendo usado por los alumnos?** (¿Qué fue lo que los alumnos ya estudiaron? ¿Hasta qué punto han asimilado el contenido de las lecciones anteriores?)

7. **¿Dónde está el salón de clase?** (¿Está en un lugar caliente, que le da el sol directo? ¿Es ventilado? ¿Ruidoso? ¿Cómo manejar los imprevistos?)

8. **¿Cuál es la edad de los alumnos?** (¿La clase es apropiada para las características de esa edad?)

9. **¿Cuál es el "ambiente" del grupo?** (Piense en términos de ambiente espiritual, socioeconómico, nivel de compromiso, tiempo junto como "grupo", etc.)

10. **¿Cuáles son los maestros de ese grupo?** (¿Quién ya le dio clase a estos alumnos? ¿Alguien dará la clase junto con usted? ¿Qué tipo de clase están acostumbrados a tener?)

Preguntas para discusión:

1. *Describa al buen maestro, usando las 3 categorías "Ser", "Saber" y "Hacer". (Cuales son las características de su carácter, conocimiento y comportamiento).*

2. *¿Qué es lo más importante: Contenido, comunicación o carácter? ¿Por qué?*

3. ¿Cuál es la diferencia entre conocimiento y sabiduría? ¿Cómo esa diferencia se manifiesta en el maestro sabio?

4. ¿De qué manera nuestra enseñanza es, a veces, desequilibrada? ¿Nos equivocamos más con respecto al contenido o a la comunicación? ¿Cómo corregir ese desequilibrio?

5. ¿Cómo podemos mejorar nuestra comunicación de la verdad sin sacrificar el contenido?

El Profesor cristiano: Educación verdaderamente cristiana

En cierta ocasión el maestro de un seminario colocó una cinta magnetofónica para que la oyeran sus alumnos. Juntos escucharon la voz sonora de un predicador cautivante. Cuando la cinta acabó, el maestro pidió que sus alumnos evaluaran el mensaje. Eran unánimes en que era uno de los mejores sermones que habían escuchado. Hasta que el maestro explicó que el predicador era líder de una secta que negaba la divinidad de Jesús. El problema no estaba en lo que el predicador dijo, sino en lo que NO dijo. Su mensaje era anticristiano.

¿Quién necesita de educación cristiana? ¡Todos nosotros! Aun aquellos seminaristas necesitaban educación cristiana. Pastores, maestros de la Escuela Dominical, necesitan educación cristiana para proteger sus ovejas contra los lobos que las devorarían. Los padres necesitan de educación cristiana para preparar a sus hijos para futuros días difíciles. El apóstol Juan, amigo íntimo del Señor Jesús, hizo una advertencia, *"Amados, no creáis a todo espíritu, sino probad los espíritus si son de Dios; porque muchos falsos profetas han salido por el mundo" (1 Juan 4:1)*. Pablo dice que esa amenaza alcanzará proporciones gigantescas en el fin de los tiempos: *"Pero el Espíritu dice claramente que en los postreros*

tiempos algunos apostatarán de la fe, escuchando a espíritus enga-
ñadores y a doctrinas de demonios... Porque vendrá tiempo cuan-
do no sufrirán la sana doctrina, sino que teniendo comezón de oír,
se amontonarán maestros conforme a sus propias concupiscencias"
(1 Timoteo 4:1; 2 Timoteo 4:3).

¿Será que usted y yo ya adquirimos un "radar bíblico" de
educación cristiana para detectar falsos profetas? ¿Será que lo
que hacemos en el salón de clase es tan sólo educación, o educación verdaderamente cristiana? Al fi n y al cabo, ¿qué es la
educación cristiana?

Lo que la educación cristiana NO ES

**1. La educación cristiana NO es la memorización de hechos
y textos bíblicos..**

Ciertamente, la educación cristiana INCLUYE el conocimiento de grandes historias y hechos bíblicos: Cómo David mató a
Goliat, a dónde Pablo fue en sus viajes misioneros, los nombres
de las 12 tribus de Israel. Saber que la Biblia tiene 66 libros, 1189
capítulos y 31.173 versículos es interesante. Y poder citar textos
bíblicos de memoria puede tener mucho valor en la lucha contra
el pecado. Pero los fariseos eran campeones de concursos en la
EBS (Escuela Bíblica Sabatina), sin tener la más mínima noción
de lo que era la educación cristiana. Todos nosotros conocemos
personas "peritas" en la Biblia, cuyas vidas son un fracaso. El propio diablo conoce bien la Biblia, pero no por eso tiene una educación cristiana (vea Santiago 2:19; Mateo 4:6). El conocimiento
bíblico es fundamental, pero no es la esencia de la educación cristiana. La educación verdaderamente cristiana toca el corazón, la
vida del individuo.

2. La educación cristiana NO es la moralización.

*"Ame a su prójimo". "No tome lo que no le pertenece". "Póngase
de pie en la presencia de los mayores". "No pelee con su hermana".*
Ciertamente, los principios morales son importantes, y forman
parte de la educación cristiana. Pero la Biblia no fue escrita como
libro de etiqueta. El problema no está en los principios morales
en sí. El problema es cuando "moralizamos" la Biblia de tal forma

que sería igual de apropiada en una sinagoga judía, una mezquita musulmana, o templo mormón, así como en la iglesia evangélica. Un mensaje o lección que recomienda moralidad y compasión sin hablar de Cristo es sub-cristiano, aunque el mensajero logre probar que la Biblia exige tal comportamiento.

Lo que la educación cristiana ES

En cierta ocasión, una niña preescolar tuvo que hacer el papel de María, la mamá de Jesús, en una obra de navidad. Al comienzo todo iba muy bien, y "María" sonreía con satisfacción mientras admiraba el muñeco en el pesebre. Pero a continuación los animales, los pastores, y otras personas llenaron el escenario, hasta que nadie podía ver la humilde cuna. Entonces la niña levantó el muñeco sobre la cabeza de todos, donde permaneció hasta el final de la pieza. Después, cuando alguien le preguntó por qué hizo eso, la niña declaró, "¡Todos estaban quitándole el lugar a Jesús... Yo lo tenía que levantar!"

¿Qué es la educación verdaderamente cristiana? En una palabra, la educación cristiana es la educación (enseñanza, predicación, discipulado) enfocada en la Persona de Cristo. ¡Jesucristo es lo que hace que la educación cristiana, sea cristiana! Él es lo que se destaca, la distinción entre la enseñanza religiosa y la enseñanza cristiana. Él es el punto central de TODAS las Escrituras. La educación cristiana se resume en dos grandes lecciones. No representan un "plan de clase" mágico para maestros, ni una fórmula simple que siempre va a producir el resultado deseado. Pero son elementos que deben estar presentes de alguna manera en toda la enseñanza que se dice "cristiana".

1. La educación cristiana expone la necesidad que el hombre tiene de Cristo.[4]

De nada sirve enseñar principios morales si dejamos la impresión de que el hombre es capaz de cumplirlos por sí mismo. Tan sólo la gracia de Dios, por el Espíritu de Cristo, por causa

---

[4] Un excelente libro que lidia con esa cuestión, apropiado para maestros y padres es: *Pastoreando o coração da criança* por Tedd Tripp (São José dos Campos: Fiel, 1998). NT: Existe edición es español: *Cómo Pastorear el Corazón de su hijo*, Editorial Eternidad, Miami, FL.

de la vida de Jesús en nosotros, nos capacita para vivir la vida cristiana. *"Con Cristo estoy juntamente crucificado, y ya no vivo yo, mas vive Cristo en mí... Cristo en vosotros, la esperanza de gloria."* (Gálatas 2:20; Colosenses 1:27). En la crianza de nuestros hijos, en nuestras clases de escuela dominical, en nuestros púlpitos, tenemos que exponer la necesidad que el hombre tiene de Cristo. Sin Jesús, nadie se salva. Sin Jesús, nadie puede vivir la vida cristiana (Juan 15:5).

¿Pero cómo hacer eso de manera práctica? Como padres, tenemos que mantener en alto el patrón de santidad que Dios estableció para nuestros hijos, un patrón que busca alcanzar el corazón (Mateo 5:48; Proverbios 4:23). Los padres sirven como espejos para que los hijos vean el reflejo de su interior. El padre que establece un patrón de fácil acceso, o que enfoca tan sólo el exterior (como los fariseos) cría un hijo legalista o un hijo que no reconoce su necesidad de Jesús. Los maestros y pastores alcanzan el corazón cuando exponen la santidad de Dios y la necesidad del hombre, apuntando siempre hacia la capacitación divina por la vida de Jesús.

2. La educación cristiana exalta la solución divina para el hombre: La Persona de Cristo.

Si nuestra enseñanza solamente apunta hacia la necesidad del hombre, sin llevarlo a la cruz, avanzamos en la Ley sin la Gracia. Colocamos a los oyentes debajo del Antiguo Pacto, sin contarles el fin de la historia. Desdichadamente, gran parte de nuestra enseñanza (y muchos movimientos sub-cristianos de hoy) colocan al pueblo bajo la Ley, como si la cruz y la resurrección de Cristo nunca hubiesen sucedido, y como si ellos, por sus méritos, pudiesen ser aceptados delante de Dios. La educación cristiana lleva al no creyente hacia la cruz y la tumba vacía, y lleva al creyente a la semejanza de Cristo. Esa fue la "filosofía de ministerio" del apóstol Pablo (Colosenses 1:28,29).

Antes que usted bostece y diga "¡Ya sabía de todo eso!", considere las implicaciones de la verdadera educación cristiana. Sé que MUCHAS veces he enseñado, en nombre de la "educación cristina", lecciones que no apuntaban hacia Cristo. Por ejemplo, en cierta ocasión estaba a punto de dar un estudio bíblico en un colegio evangélico sobre Proverbios 15:1 *"La blanda respuesta quita la ira; mas la palabra áspera hace subir el furor"*. Iba a llamar la atención a los niños a que no se quedaran airados, a que siempre dijeran palabras suaves, a no provocar a sus compañeros. Pero de un momento a otro reconocí que aquel mensaje sería perfectamente aceptable en una sinagoga judía o entre los Testigos de Jehová. ¿Qué hacía falta? Una aclaración de que sin Jesús, nadie era capaz de devolver palabras blandas por palabras duras; que la vida de Jesús realmente ejemplificaba esa actitud; que Jesús murió y resucitó en mi lugar, para que la vida de él se viva en mí; que aquel que ama a Jesús guarda sus mandamientos; que él quiere cuidar mis palabras y hablar a través de mí. Por poco pude evitar la oportunidad de enseñar un mensaje que denomino "sub-cristiano".

Desgraciadamente, en muchas ocasiones quedamos animados con todo en nuestras iglesias, menos con Cristo. La estrategia de Satanás es desviar nuestra atención de lo que es central, para que patinemos sobre la periferia de nuestra fe. Llenamos el calendario de la iglesia con programas. Nos involucramos en la política. ¡Seguimos doctrinas extrañas o marginales, olfateando ángeles (o demonios), reclamando bendiciones, declarando prosperidad, atando (o desatando), mercadeando señales, milagros y poder, todo en nombre de Jesús, pero en muchas ocasiones sin proclamar a Jesús! (Mateo 7:22, 23).

Jesús es el mensaje de la educación cristiana. Fue eso lo que él mismo le dijo a sus perseguidores religiosos en Juan 5:39: *"Escudriñad las Escrituras; porque a vosotros os parece que en ellas tenéis la vida eterna; y ellas son las que dan testimonio de mí"*. En el camino a Emaús, Jesús repitió la lección: *"Y comenzando desde Moisés, y siguiendo por todos los profetas, les declaraba en todas las Escrituras lo que de él decían"* (Lucas 24:27). El apóstol Pablo dio ese testimonio sobre el motivo de su ministerio: *"Pues me propuse no saber entre vosotros cosa alguna sino a Jesucristo, y a éste crucificado... Porque no nos predicamos a nosotros mismos, sino a Jesucristo como Señor."*(1 Corintios 2:2, 2 Corintios 4:5).

¿Quién necesita la educación cristiana? Usted y yo, y nuestros alumnos. ¿Qué es la educación verdaderamente cristiana? Elevar a Jesús, en toda su gloria, majestad y poder. ¡Que seamos maestros realmente cristianos al compartir ese mensaje maravilloso!

Preguntas para la discusión:

1. *¿En qué sentido una clase debe ser "cristocéntrica"? ¿Tiene que mencionar el nombre de Jesús "x" veces para que sea "educación cristiana"?*

2. *¿Memorizar versículos y hechos bíblicos es correcto? ¿Para qué sirve? ¿Cómo deben ser calificados por el maestro?*

3. *¿Cómo puede un maestro "exponer el corazón" de sus alumnos en el contexto de la clase? ¿Qué significa eso?*

4. *¿Cuál es el papel de la culpa en la enseñanza cristiana? ¿Los alumnos deben salir de la clase sintiéndose culpables por su pecado?*

5. *¿Cómo es que la enseñanza cristiana apunta hacia la solución de los problemas del hombre? ¿Cómo hacer eso con una historia del Antiguo Testamento, por ejemplo?*

El maestro creativo:
La necesidad de ideas creativas

La escena se repite domingo a domingo, en iglesias de todo el mundo, ya sean grandes o pequeñas, ricas o pobres. Los niños entran a la clase de Escuela Bíblica Dominical, encuentran sus lugares (de preferencia, lo más cerca de la puerta como sea posible) y esperan "otra clase más". Su maestro llega algunos minutos después, fatigado, obviamente se acaba de despertar, con la Biblia y la revista de la Escuela Bíblica Dominical debajo del brazo.

Empieza con pedidos y respuestas de oración. Nadie consigue recordar los pedidos de la semana pasada, pero un alumno pide oración por el tío de su vecino que está con neumonía. Pero no recuerda el nombre de él.

Después de una oración genérica para "bendecir a los misioneros" la clase empieza.

- ○ *¿Quién recuerda el tema de la lección de la semana pasada?* (una niña recuerda que tenía algo que ver con pecado)
- ○ *¿Quién hizo la lectura de la lección de esta semana?* (Nadie).
- ○ *¿Quién memorizó el versículo?* (A todos se les olvidó que tenían que memorizar un versículo. Juanito aprovecha para patear una bolita de papel en dirección a María).

El maestro empieza a leer la lección de la revista de la denominación. La historia de hoy es sobre David y Goliat. Para ilustrar la lección, el maestro (que inclusive se cree muy creativo) muestra una cauchera que hizo por la mañana, antes de venir para la iglesia. Infelizmente, el caucho se rompe la primera vez que el maestro intenta tirar con la cauchera.

Marcelo levanta la mano:

— *¿Pero maestro, pensé que era una honda y no una cauchera lo que David usó para derribar a Goliat?*

El maestro pasa rápidamente al próximo punto, que también lee de la revista.

Por fin, por la gracia de Dios, la campana suena invitando a todos los alumnos para el cierre general en el auditorio. Diez minutos pasan hasta que todos estén congregados. Después de cantar "el cumpleaños feliz" a las 3 personas que cumplen años en esa semana, alguien da los anuncios. Habrá un concurso de la Escuela Bíblica Dominical durante el próximo mes. Todos deben traer visitantes para ganarse el premio como mejor alumno de la Escuela Bíblica Dominical. Por fin, un "voluntario" de cada clase da un resumen de lo que fue estudiado en su clase. Los niños cantan un corito. Una clase recita un versículo. Alguien ora. Y nadie consigue entender por qué la asistencia a la Escuela Bíblica Dominical es cada vez más baja.

¿Acaso es un ejemplo extremo? Creemos que no. La mediocridad en nombre de Jesús nos parece que es la regla y no la excepción. La enseñanza que denominamos "evangélica" en muchas ocasiones es una excelente justificativa para dormir hasta tarde, ir a la playa o ver la carrera de Fórmula 1 el domingo por la mañana.

¿Pero, será que la enseñanza de Jesús era así? ¿Será que los otros apóstoles y los profetas luchaban para mantener a sus oyentes despiertos? A los maestros les gusta echarles la culpa a sus alumnos supuestamente "sin compromiso" con la Palabra, y a veces tienen razón. ¿Pero no será que muchos dejan de ir a la Escuela Bíblica Dominical por juzgarla irrelevante, agotadora y monótona?

¿Por qué necesitamos maestros creativos? Nos gustaría sugerir algunas razones en defensa de una enseñanza creativa y excelente, no mediocre. Una enseñanza que transmita el contenido con claridad:

1. Enseñamos con creatividad como reflejo de la imagen de Dios en nosotros (Génesis 1:26 - 28).

Como seres hechos a la imagen de Dios, tenemos la capacidad de crear para la gloria de Dios. La creatividad permite que veamos relaciones interpersonales nuevas, inventemos lo que no existía antes e imaginemos nuevas soluciones a viejos problemas.

2. Enseñamos con creatividad de acuerdo al modelo de los grandes comunicadores de la Palabra de Dios.

Los autores bíblicos establecieron el patrón de creatividad en la comunicación de la voluntad de Dios. Los apóstoles eran campeones de la metáfora. Los profetas usaban lecciones objetivas, y en muchas ocasiones sus propias vidas eran el mensaje. Por ejemplo, Jeremías usó un yugo (Jeremías 28:10-17.), rompió una vasija (Jeremías 19:10, 11), escondió un cinto (Jeremías 13) y enterró piedras en Egipto (Jeremías 43:8-9), todo para hacer gráfico el mensaje de Dios para Su pueblo.

Ezequiel fue amarrado con cuerdas (Ezequiel 3:24-27), dramatizó un sitio contra Jerusalén (Ezequiel 4:1-17) y la cautividad

(Ezequiel 12), se puso a temblar mientras comía (12:17-20), cortó, esparció y quemó su propio cabello (5:1-17). El libro de Oseas fue estructurado alrededor del drama humano entre Oseas y su esposa Gomer.

¿Cuál es el punto en común de todos esos ejemplos? Dios ordenó que la comunicación de su Palabra fuese tan gráfica y memorable como fuera posible, y eso muchas veces ameritaba la utilización creativa de objetos y drama. ¿Si los profetas necesitaban de creatividad, cuanto más nosotros?

3. Enseñamos con creatividad de acuerdo al modelo de Jesús.
La enseñanza de Jesús era imprevisible y creativa, un hecho que garantizaba un impacto más grande para sus palabras. Usaba el diálogo, preguntas y respuestas para provocar reflexión. Contaba historias (parábolas) que involucraban a los oyentes antes que ellos se dieran cuenta que ellos mismos eran la "moraleja" de la historia. (¡De hecho, Mateo 13:34 deja en claro que Jesús no enseñaba ninguna materia sin contar historias creativas!). Jesús enseñaba en "3D", transformando objetos simples e inclusive "cosas inservibles" en lecciones objetivas y espirituales. Si el Maestro de los maestros tenía que enseñar con creatividad, ¿cuánto más nosotros?

4. Enseñamos con creatividad por causa de la realidad de vida de nuestros alumnos.
Nuestro mundo moderno está acostumbrado al cambio de imágenes de cinco en cinco segundos. Como maestros creativos, no podemos (ni queremos) competir con el mundo de imágenes y fantasías que la televisión inventa. Pero no por esa razón mataremos a nuestros alumnos con una enseñanza aburrida, monótona y sin imaginación. La enseñanza creativa provoca a los alumnos a través de imágenes mentales (no siempre materiales). Transporta al alumno de los días actuales al mundo bíblico y viceversa. Usa TODOS los sentidos del alumno, y no sólo el oído. Estimula al propio alumno a que se embarque en un viaje de descubrimientos en el texto bíblico, en lugar de simplemente contarle sobre el viaje del maestro.

5. Enseñamos con creatividad para acelerar el proceso de aprendizaje.

El educador cristiano Larry Richards sugiere que la enseñanza creativa acelera el paso entre los 5 niveles de aprendizaje. La creatividad facilita la transición de un nivel al otro, pues hace el texto vivo y muestra cómo vivirlo hoy:

1. Repetición (mera memorización)
2. Reconocimiento (asociación / identificación de los hechos)
3. Reformulación (colocar el concepto en nuestras propias palabras)
4. Relación (transportar el significado del texto para nuestra vida)
5. Realización (apropiación práctica, vivir la lección diariamente)[5]

Ventajas de la enseñanza creativa

- Sigue el modelo de Jesús, los apóstoles y profetas en la presentación de la verdad
- Utiliza el aspecto "creativo" de la imagen de Dios en el hombre
- Ayuda a grabar el mensaje bíblico
- Capta la atención a los detalles del texto
- Despierta a los alumnos y al maestro
- Hace la clase agradable, "puntualizada" con momentos de máxima atención
- Crea suspenso entre los alumnos, una sensación de lo imprevisible
- "Le da sabor" al estudio bíblico
- Ayuda a los alumnos y al maestro a que vean detalles del texto que nunca se dieron cuenta antes

---

[5] Adaptado de Lawrence Richards, *Creative Bible Teaching* (Chicago: Moody, 1970), pp. 69 siguientes.)

- Estimula, a través del uso "santificado" de la imaginación, un entendimiento más profundo del significado del texto
- Ayuda a contextualizar el mensaje bíblico (atravesar el puente entre el texto "entonces" y el contexto "ahora")
- Facilita la sistematización y presentación del fruto del estudio bíblico
- Conserva el fruto del estudio bíblico de una forma accesible
- Estimula la creatividad de los alumnos
- Quiebra barreras entre las personas al promover la mutualidad
- Atrae no creyentes hacia el Evangelio
- Promueve diversión sana en la iglesia

Preguntas para discusión:

1. ¿Cuáles son sus frustraciones más grandes en su contexto de enseñanza? ¿Qué se puede mejorar?

2. Qué opina de esta declaración: "No necesito ideas creativas. Tan sólo quiero enseñar la Biblia".

3. ¿Por qué Dios transmitió el mensaje de la Palabra por medio de tantas historias, figuras, ilustraciones, lecciones objetivas, parábolas y proverbios?

4. Procure enumerar todas las "técnicas" creativas usadas por los autores y maestros de la Palabra de las que se acuerde.

5. ¿Cuáles son algunos de los peligros en la utilización de la creatividad en la enseñanza cristiana?

El Profesor organizado:
El plan de clase

Si existe una única técnica que podría revolucionar la enseñanza de millares de maestros, es la preparación y la utilización de un buen plan de clase. Vagamos en la enseñanza por no tener mapa. ¡Nos equivocamos en la meta por no tener un destino definido! El plan de clase simple, claro y bien elaborado hace todo eso y mucho más.

El apóstol Pablo tenía metas y objetivos bien claros en su enseñanza y predicación. Él exaltaba a la Persona de Jesús *amonestando a todo hombre, y enseñando a todo hombre en toda sabiduría, a fin de presentar perfecto en Cristo Jesús a todo hombre; para lo cual también trabajo. Luchando según la potencia de él, la cual actúa poderosamente en mí (Col 1:28, 29).*

Ver a Cristo Jesús formado en nuestros alumnos es el objetivo final de todo maestros cristiano (Gálatas 4:19, Romanos 8:29, Filipenses 1:6). Nuestros planes de clase siempre deben tener esa finalidad en consideración. Deben reflejar un proceso de aprendizaje en el que el maestro conduzca a sus alumnos paso a paso en esa dirección.

El plan de clase trae muchas ventajas para el maestro y los alumnos:

- Facilita el desarrollo de la clase en dirección a la meta
- Proporciona una economía y más control del tiempo
- Le recuerda al maestro los elementos esenciales en la clase (material necesario, tareas, avisos, métodos, etc.)
- Organiza al maestro y a la clase, evitando así algunos imprevistos, contratiempos y detalles olvidados
- Estimula la preparación previa de la clase
- Conserva el procedimiento de la clase en un archivo para ser utilizado en el futuro
- Facilita la evaluación y la reformulación de la clase[6]

---

[6] Algunas ideas fueron tomadas del manual de entrenamiento de maestros *Teacher Training Trips* por Peter N. Reoch (Clarks Summit, PA, 1979).

Con más de 30 años de experiencia acumulados entre nosotros en el salón de clase, ninguno de los dos logra recordar haber osado dar una clase sin por lo menos bosquejar primeramente un simple plan de clase. Desgraciadamente, para la mayoría de los maestros, un plan de clase parece un "chaleco-de-fuerza" y no una herramienta que nos libera para desarrollar nuestra creatividad.

En el intento de espantar algunos "fantasmas" que se mueven sobre el temible plan de clase, sugerimos un principio fundamental:

*¡El plan de clase existe para el maestro,
y no el maestro para el plan de clase!*

Cada maestro necesita un plan. Pero el plan es siervo del maestro, y no al contrario. Por eso, es imprescindible que cada maestro descubra cómo organizar y estructurar su clase de acuerdo a su "gusto", personalidad y habilidades.

Nos gustaría sugerir un formato simple de un plan de clase con el objetivo de simplificar la planificación del maestro y los objetivos de su clase. No es necesario llenar todos los aspectos mencionados, sin embargo este formulario incluye los elementos que la mayoría de los maestros necesitan para preparar una clase bien organizada.

Bosquejo de un Plan de Clase:

Nombre del maestro _____   Fecha [_____]

Título de la lección (Texto) _____

Objetivos: Al final de esa clase el alumno deberá ser capaz de…

1) Saber… / 2) Sentir… / 3) Hacer…

Material necesario:

División de la lección	Métodos didácticos	Duración
Captación		
Explicación (lección propia)		
Actividades de los alumnos		
Revisión/Recapitulación		
Aplicación/Desafío final		

Tarea: _____
Avisos/Pedidos de oración: _____
Semana que viene: _____
Evaluación/Observaciones sobre la clase: _____

Observaciones sobre el Plan de Clase

1. Objetivos: Sugerimos no tener más de 3 objetivos específicos para la clase. Esos objetivos deben ser escritos de acuerdo a lo que EL ALUMNO debe ser capaz de saber, hacer, sentir, etc. al final de la clase. (Algunos maestros escriben objetivos sobre lo que ELLOS harán en la clase, pero eso no es correcto. El objetivo es la transformación de la vida del alumno). No toda clase incluirá todos los aspectos, "saber", "sentir" o "hacer" (objetivos cognitivos, afectivos o activos, respectivamente) a pesar de que el maestro haría bien si siempre viera el impacto de la clase en estas tres categorías generales).

En la medida de lo posible, los objetivos deben ser:

- mensurables
- específicos
- alcanzables
- prácticos
- breves
- bíblicos (sugeridos por el texto)[7]

2. Material necesario: Aquí el maestro debe anotar todo el material de apoyo que va a necesitar, para evitar la vergüenza de llegar al punto crucial de la clase y descubrir que dejó un recurso principal en casa.

3. Captación: Quizás el momento más importante de la clase son los primeros instantes en los que el maestro obtendrá los oídos o dispersará al grupo. ¡ESOS MOMENTOS TIENEN QUE SER PLANEADOS! La "casualidad" se volverá un caso de desastre. La captación es como un gancho, que atrae al alumno, levanta una necesidad real en su vida, y sugiere que Dios tiene una respuesta.

4. Explicación: La explicación es el "cuerpo" de la lección, la transmisión de la esencia de la lección para aquel día. Anote aquí los diferentes métodos didácticos que el maestro pretende utilizar, y cuánto tiempo cada método o etapa de la clase va a exigir.

5. Actividades del alumno: Quizás esta categoría sirva más para clases con niños pequeños, en el que algún trabajo manual y/o recreativo acompañe la clase. Pero las clases de adultos muchas veces pueden ser desafiadas con alguna actividad en conjunto que reforzará la idea central de la lección.

---

[7] Richards, pp. 102 siguientes.

6. Revisión/Recapitulación: Muchas veces la clase incluirá un resumen final o alguna actividad de recapitulación de la materia, teniendo como objetivo grabar su mensaje en la mente y en el corazón de los alumnos.

7. Aplicación/Desafío final: Tal vez haya un proyecto específico que el Espíritu Santo coloque en el corazón del maestro y/o alumnos como resultado de la lección. Debe anotarse en ese espacio.

8. Tarea: El maestro debe anotar las tareas que les dejará a los alumnos para que hagan antes de la próxima clase.

9. Avisos: Muchas veces el maestro necesita recordarles sobre un evento social de la clase, alumnos enfermos y otros pedidos de oración, etc.

10. Semana que viene: Anote aquí el asunto y cualquier "atractivo" de la próxima semana para crear expectativa en los alumnos para la próxima clase.

11. Evaluación/Observaciones sobre la clase: Después de la clase el maestro debe anotar sus propias observaciones sobre lo que funcionó o no, cómo mejorar la próxima clase, etc. Después, el plan debe ser archivado en un lugar de fácil acceso para una futura ministración.

Preguntas para la discusión:

1. *¿Cuáles son las razones por las que muchos maestros no preparan un plan de clase?*

2. *En sus propias palabras, ¿cuáles son las ventajas de un buen plan de clase?*

3. *Imagine que usted dará una clase sobre David y Goliat para preadolescentes. Intente generar 3 objetivos específicos para aquella clase.*

4. *Enumere algunas maneras utilizadas para iniciar nuestras clases que NO sirven como captaciones.*

5. ¿En qué formas desperdiciamos tiempo en nuestras clases, especialmente cuando no tenemos un plan de clase elaborado?

El maestro alumno: Sugerencias prácticas para mejorar su enseñanza[8]

El buen maestro nunca deja de ser alumno. Como alumno, el maestro está siempre aprendiendo — sobre el texto bíblico, sobre sí mismo, sobre sus alumnos, sobre el mundo en el que vive. Las siguientes sugerencias resumen algunas ideas prácticas para hacer del maestro un excelente alumno y, como consecuencia, un mejor maestro.

➲ Empezar su preparación muy temprano en la semana para aprovechar la "tensión didáctica" durante la semana. ¡Así usted no gastará su energía con la ansiedad y, sí, en la meditación!

➲ Practicar la estrategia "Atacar y descansar", o sea, trabajar su lección un poco cada día, y después permitir que ella se quede "cocinando" en su mente y en su corazón en un período de "descanso".

➲ Marcar períodos de oración dedicados exclusivamente a la intercesión a favor de sus alumnos y de su clase.

➲ Encontrar un colega con quien podría orar y conversar con respecto a la enseñanza.

➲ Hacer un cuaderno con las fotos de sus alumnos y pedidos de oración, y orar por ellos durante la semana.

---

[8] *Muchas de estas ideas son adaptadas del libro* Preaching with Freshness *por Bruce Mawhinney (Eugene, Oregon: Harvest House Publishers, 1991).*

- Hacer investigaciones informales durante la semana con miembros de la clase para descubrir sus opiniones y experiencias sobre el tema de aquella semana.
- Programar actividades "extra-clase" con su grupo.
- Leer un libro de la Biblia por semana que no tenga nada que ver con la clase de aquella semana.
- Cuando termine la lección, evaluar la clase, los métodos, etc. y anotar los cambios que hará la próxima vez.
- Después de la lección, reformular su plan de clase, y alistar el plan de la próxima semana.
- Obtener "retorno" (respuesta) sobre sus clases y su desempeño como maestro a través de uno o más de esos canales:
  - *Cuestionarios respondidos por los alumnos*
  - *Conversaciones informales con los alumnos (y/o sus padres)*
  - *Grabaciones o videos de sus clases*
  - *Grupo de "colaboradores" con quienes puede dialogar antes y después de la clase*
- *Divulgación de su correo electrónico para que los alumnos le correspondan sobre la clase, aclarar dudas, etc.*
- ¡Preparar un plan de clase y seguirlo!
- Hacer algunas preguntas clave sobre su lección al terminar su preparación:
  - *¿Conozco bien el texto bíblico?*
  - *¿Esa lección exalta a Cristo Jesús (apunta a la necesidad del hombre, pero también a la solución en Cristo)? (Vea "El maestro cristiano" arriba.)*
  - *¿He orado por los alumnos y por la clase?*
  - *¿Existe algún método creativo adecuado para visualizar aún mejor esa clase?*
  - *¿Puedo involucrar a los alumnos aún más en el proceso de aprendizaje?*
  - *¿Hay alguna aplicación práctica y objetiva incluida en la lección?*
  - *¿Tengo todos los materiales listos para enseñar esa clase?*

Preguntas para discusión:

1. *¿Cuáles son algunas maneras prácticas por las cuales el maestro puede continuar siendo alumno?*

2. *¿Cómo sería la preparación ideal de un maestro de Escuela Bíblica Dominical durante la semana? (Intente bosquejar lo que haría cada día de la semana como preparación para su clase del domingo).*

3. *¿Cómo ha obtenido respuesta sobre su enseñanza? ¿Qué es lo que ha aprendido?*

4. *Con sus propias palabras, ¿qué significa la estrategia "Atacar y descansar" en la preparación de una clase? ¿Cómo funciona?*

El maestro apropiado:
Los 10 mandamientos de la creatividad

1. Dependerá del Señor y no de sus métodos creativos.

Uno de los peligros para el comunicador creativo es la dependencia de sus muchos métodos y no del Señor para impactar la vida de sus alumnos.

Las palabras del apóstol Pablo nos recuerdan la incapacidad de métodos humanos para alcanzar objetivos eternos: *Así que, hermanos... no fui con excelencia de palabras o de sabiduría. Pues me propuse no saber entre vosotros cosa alguna sino a Jesucristo, y a éste crucificado. Y estuve entre vosotros con debilidad, y mucho temor y temblor; y ni mi palabra ni mi predicación fue con palabras persuasivas de humana sabiduría, sino con demostración del Espíritu y de poder, para que vuestra fe no esté fundada en la sabiduría de los hombres, sino en el poder de Dios (1 Corintios 2:1-5).*

Nuestra dependencia del Señor es mucho más importante que las "ideas creativas"; la Biblia como nuestra única fuente de autoridad;

el carácter del maestro como el canal a través del cual el Espíritu Santo transformará la vida de los alumnos. La creatividad puede ser la "sazón", pero nunca el "plato fuerte" de nuestra enseñanza.

2. Usará métodos apropiados al contenido de la lección.

El maestro creativo no emplea métodos como un fin en sí mismo, sino como un medio para alcanzar los objetivos de aquella clase. El contenido de la lección determina la mejor manera de comunicación, así como la función determina la forma en las obras de arte.

3. Preparará bien su clase.

La manera más fácil de asesinar la creatividad en el salón de clase es la mala preparación. El maestro sabio tiene un plan de clase muy bien preparado para saber lo que hará, cuándo y cómo. Prepara sus materiales didácticos con anticipación, pruebe nuevas ideas antes de usarlas con sus alumnos, llegue antes que sus alumnos para verificar el ambiente de la clase y alistar sus recursos. *¡La creatividad nunca substituye la preparación cuidadosa!*

4. Desarrollará sus ideas con entusiasmo.

Usar ideas creativas en el salón de clase exige mucho valor y mucha fe. Si el maestro duda que una nueva idea funcionará, probablemente tendrá la razón. La mitad del éxito de la creatividad depende del ánimo del maestro que cree en aquella idea como la mejor manera de grabar los objetivos de la lección en la mente y en el corazón de los alumnos.

5. Tendrá valor para probar ideas nuevas.

El problema con muchos maestros es que se quedan aferrados a los mismos métodos, a la misma estructura —el síndrome del "mismo-mismo". La creatividad exige innovación, lo que implica inseguridad para muchos.

Aunque "*no exista nada nuevo debajo del cielo*" (Eclesiastés 1:9), para el maestro existe mucha novedad, pues él nunca ha usado determinado método con esos alumnos. *¿Y si no funciona? ¿Si los alumnos se burlan de mí?* El maestro seguro reconoce que posiblemente una idea u otra no va a funcionar, pero que el riesgo será más que recompensado a largo plazo. Por lo menos sirvió para descubrir que algo NO funciona en determinado contexto. Además, estará formando hábitos como comunicador que harán de su clase una experiencia de aprendizaje, y no simplemente "otra clase más". Pero, por cualquier motivo, NO DESFALLEZCA, aunque una idea u otra no funcione.

6. Será sensible a las necesidades, tradiciones y expectativas de la clase.

No rompa las tradiciones del grupo al que enseña sin una reflexión y evaluación seria. El "iconoclasta" (el que rompe imágenes) se puede **romper** o acabar como maestro si es muy "radical" con su grupo. Por ejemplo, una iglesia muy tradicional, donde nunca fue presentado ningún tipo de pieza teatral quizás necesite probar una simple lectura alternada antes de un monólogo de 30 minutos. ¡Empiece despacio, pero empiece!

Al mismo tiempo, la sensibilidad del maestro incluye el buen gusto. No debe usar métodos vulgares, que no sean apropiados para la audiencia, su edad, sus intereses y sus normas. No haga "payasadas" sólo para llamar la atención para sí. Nuestra creatividad tiene que ser disciplinada y controlada. El autor y maestro de comunicación Warren Wiersbe nos advierte: *Un río que ignora sus límites se vuelve un barranco.*[9] *La forma* de nuestra enseñanza siempre sigue la *función* que tiene, y no viceversa.

7. Adaptará las ideas de acuerdo a SÚ realidad de enseñanza.

Las ideas sugeridas aquí representan un **inicio**, un catálogo de posibilidades apuntando a **su** creatividad. Úselas con discernimiento, adaptándolas para su propio contexto de enseñanza, edad de los alumnos, etc.

8. Variara de ideas entre una clase y otra.

Sería una excelente idea mantener un registro de las ideas empleadas en su clase (tal vez colocando una "X" en este libro, o la fecha en que determinada idea fue utilizada y dónde, al lado de la idea enumerada en el "índice"). A pesar de que no cambiemos sólo por cambiar, el propio cambio de contenido de la clase

---

[9] Warren Wiersbe, p. 203.

normalmente va a corresponder a cambios en las técnicas didácticas usadas por el maestro. Existe una fuerte tendencia por parte de muchos maestros a siempre usar un único método que funcionó bien una vez. El maestro creativo cambia sus métodos de acuerdo a la clase.

9. Usará un plan de clase.

Nada substituye el plan de clase para garantizar que la lección progrese de forma clara, adecuada y creativa para sus objetivos. Ese plan debe enumerar los objetivos principales del encuentro, los recursos necesarios, cómo la clase va a empezar y terminar, y los métodos que serán utilizados así como el tiempo necesario para cada parte de la clase. (Para saber más sobre el plan de clase, vea "El Profesor Organizado" a continuación).

10. Evaluará bien la clase y los métodos después de la lección.

De nada sirve emplear diversos métodos didácticos sin reflexión sobre ellos inmediatamente después de la clase. Sugerimos que el maestro formule de nuevo su plan de clase tan pronto sea posible después de la clase, con miras a la próxima ocasión en la que dará aquella lección. Anote las ideas que funcionaron, y que deben ser repetidas. Modifique aquellas que podrían haber funcionado mejor. Quite lo que no fue muy apropiado. ¡Evalúe, evalué, evalué y mejore!

Preguntas para la discusión:

1. ¿Cuáles son los peligros de caer en la dependencia del método y no del Señor en la enseñanza creativa?

2. ¿Cómo la falta de preparación puede hacer naufragar la enseñanza creativa?

3. ¿En cuáles contextos usted se sentiría menos inclinado a usar métodos creativos en la enseñanza?

4. ¿Puede pensar en el mandamiento número 11 para agregar a esta lista?

El maestro "siempre atento": Características del alumno[10]

Cada niño es único. Sería imposible clasificarlos a todos ellos en un gráfico general. Nuestro objetivo es despertar los maestros hacia algunas características típicas de los diferentes grupos de edades y ofrecer sugerencias prácticas. Aconsejamos que no se limiten a este gráfico, sino que observen y descubran las características propias de sus alumnos.

Edad	Características	Material adecuado / estrategias
1-1 año	Poco a poco se vuelve consciente del ambiente a su alrededor, enfoca los ojos y responde a estímulos.	Utilización de fotografías grandes a color. Repetición de versos cortos y coros simples.
1-2 años	Empieza a entender la existencia continua de objetos no-presentes y la relación causa-efecto.	Uso de libros con figuras grandes, una por página, y que el niño pueda manipular. Repetición de versos y coros simples, con gestos, pero sin hacer esfuerzo para que él los repita.
2-3 años	Fluidez verbal. Por iniciativa propia, empieza a repetir frases memorizadas, versículos, coros, hechos. La imaginación empieza a desarrollarse. La concentración es corta, dos o tres minutos por vez. Puede concentrarse en una sola idea a la vez y enfoca solamente una imagen. Descubre el ambiente inmediato a su alrededor y comienza a descubrirse a sí mismo.	Uso de libros que el niño pueda leer solo y que estimulen su imaginación. Enseñanza bien simple y repetida, una idea a la vez. Repetición de las mismas historias cortas varias veces.

---

[10] Adaptado del material no publicado del Departamento de Pedagogía de la Universidad de Cedarville, Cedarville, OH, EUA, 1980.

Edad	Características	Material adecuado / estrategias
3-4 años	Más desarrollo de la imaginación y de la fluidez verbal. Curiosidad — "¿Por qué?". Independiente, explora más las actividades en grupo. Empieza a estar consciente de los problemas del mundo "real".	Uso de historias más largas y que lo involucren, versos sin rima, coros variados.
4-5 años	Puede fijar la atención de 4 a 10 minutos. Tiene interés en las actividades de los otros y en mantener una conversación. Su imaginación es activa, pero aún no tiene mucha noción de tiempo y espacio. Consigue repetir las historias que oyó. Ya puede distinguir entre lo que es correcto y lo que no. Algunos empiezan a leer y a contar.	Uso de franelógrafo, títeres y dramatización en general. Las historias pueden repetirse menos veces. Introducción de una variedad de libros e ilustraciones más detalladas, y de libros sobre lugares, personas y animales desconocidos.
5-6 años	Desarrolla sociabilidad e interés por el mundo a su alrededor. Memoriza y recita versos. Le gustan las actividades participativas.	Lectura de libros en "serie". Dramatización de historias bíblicas, incentivo a los trabajos manuales, canto y uso de instrumentos simples.
6-8 años	Le gusta identificarse con personajes e imitarlos. Consigue mantenerse atento hasta por 20 minutos. Tiene buena memoria, mucha imaginación y raciocinio verbal. Es creativo, activo, responsable.	Actividades que exijan participación activa (adivinanzas, títeres, dramatizaciones, juegos con palabras y números...). Lectura de historias de personajes con los cuales pueda identificarse. Memorización de versículos. Responsabilidad, de vez en cuando, en la dirección de la clase.
9-11 años	Gana coordinación motriz. Es activo, participativo, competitivo. Posee raciocinio lógico, excelente capacidad de memorización. Sus talentos están en desarrollo.	Uso de dramatizaciones, concursos bíblicos, adivinanzas, álbum y colecciones, desafíos en general, memorización de versículos, trabajos manuales detallados. Las historias deben tener aplicaciones prácticas. Involucramiento ministerial con el grupo.

Edad	Características	Material adecuado / estrategias
12-14 años	Pasa por períodos intercalados de energía y gran cansancio. Espíritu práctico, desafiante y aventurero — le gusta explorar el mundo y poner a prueba sus límites. Recibe gran influencia de los compañeros.	Desafíos en el estudio bíblico (preguntas, investigaciones). Lectura de biografías. Contacto con ministerios que lo desafíen y lo confronten con la realidad. Conversación abierta, segura, honesta. Énfasis en la importancia de tomar decisiones de acuerdo a los principios bíblicos. Responsabilidad más constante en la dirección de la clase.
15-18 años	Espíritu crítico, práctico, aventurero. Es capaz, responsable, independiente, pero con tendencias ocasionales a la inseguridad e introspección.	Estudio de doctrinas con aplicación práctica. Diálogo franco y estudios sobre la posición en Cristo, escoger el compañero y la profesión. Responsabilidad en ministerio práctico y participación en viajes misioneros y otros ministerios.

Preguntas para discusión:

1. *¿Hasta qué punto esas características describen a los alumnos de su clase, o a sus propios hijos (o nietos)?*

2. *¿Usted puede recordar otras características que marcan la vida de las personas en determinadas edades?*

3. *¿Usted recuerda ilustraciones de estas características que ha visto en la vida de alumnos, hijos, vecinos, etc.?*

4. *¿Hasta qué punto estas características son fijas? ¿Hasta qué punto cambian? ¿Cómo tener cuidado para reconocer diferencias individuales en los niños?*

PARTE 2

SUGERENCIAS DIDÁCTICAS Y DINÁMICAS

En cierta ocasión alguien observó que el Verbo de Dios se hizo carne… pero los maestros la hicieron nuevamente un verbo. Ese es el peligro ocupacional de nosotros los maestros. Al pasar el tiempo, tenemos la tendencia a complicar las cosas, haciéndolas cada vez menos concretas y cada vez más abstractas.

Martin Lutero comentó,

El pueblo común es más fácilmente cautivado
por analogías y ejemplos,
Que por disputas difíciles y sutiles.
Ellos preferirían ver un cuadro bien pintado
Que leer un libro bien escrito.[11]

Como teólogos que también son maestros, deseamos unir el contenido y la comunicación en un matrimonio hecho en el cielo. Pero para que eso sea posible, tenemos que aprender a "visualizar" la verdad para que nuestros alumnos también la vean. Estamos de acuerdo, por lo menos en parte, con el sabio que declaró, "*¡Las personas van a la iglesia para ver visiones, no para oír razones!*".[12]

---

[11] Martin Lutero, citado en Wiersbe p. 158.
[12] Halford Luccock, idem, p. 87.

Las siguientes ideas están divididas de acuerdo a la categoría principal a la que pertenecen:

- **Conociendo al grupo** (ideas para desarrollar la relación interpersonal y la comunión maestro-alumno)

- **Captaciones e introducciones** (ideas para despertar el interés y orientar hacia el asunto principal de la lección)

- **Dinámicas de enseñanza** (ideas para desarrollar el contenido de la materia con el máximo de participación de los alumnos)

- **Audiovisuales** (ideas que promueven el aprendizaje a través de más de un sentido)

- **Revisión y recapitulación** (ideas para resumir el contenido de la clase y grabar el punto principal)

- **Disciplina en la clase** (ideas para mantener el orden y un ambiente propicio para el aprendizaje).

CONOCIENDO AL GRUPO

Es un requisito fundamental para todo maestro el conocimiento de los alumnos a quien enseña. Las ideas a seguir contribuyen a esta finalidad.

 Nombre y apellido

Reúna a los participantes en un círculo y empiece dando su nombre, seguido de un adjetivo que comience con la primera letra del nombre y que de alguna manera lo describa (por ejemplo, Fernando Feliz, Cristina Creativa, Bernardo Bonito, etc.). La persona que este al lado repite el "nombre y apellido" de las primeras personas y añade el suyo. La actividad continúa alrededor del círculo con cada persona intentando recordar el "nombre y apellido" de las que le antecedieron, para enseguida añadir el suyo.

 Bingo

Material necesario Bolígrafos, fotocopias del cuadro elaborado, premios (dulces)

Procedimiento Aliste un cuadro de acuerdo al ejemplo.

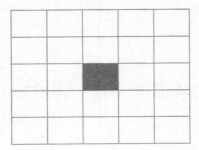

Entréguele a cada participante una copia del cuadro donde él deberá recoger las firmas, una en cada cuadrado (si el grupo tiene menos de 24 participantes, pueden repetir firmas). Dé una señal inicial y explique a los participantes que deben coleccionar firmas de los otros miembros del grupo. El objetivo es promover un contacto más estrecho entre los integrantes del grupo. Completadas las 24 firmas, todos deben sentarse. Después, comience a llamar los nombres de los integrantes del grupo. La persona que sea llamada debe colocarse de pie para que sea identificada por los demás y puede dar algunos datos personales como procedencia, profesión, etc. Todos los que cogieron la firma de aquella persona deben marcar una "X" en el cuadrado respectivo. El que primero consiga llenar cinco cuadrados alineados en el sentido horizontal, vertical o diagonal, recibe un premio.

3 Cacería de autógrafos

Esta técnica puede ser utilizada para cerciorarse del nivel de conocimiento que los alumnos tienen los unos de los otros. Muchas veces los alumnos están en el mismo salón de clase ya hace mucho tiempo, pero tienen un nivel muy superficial de relación interpersonal. Esta dinámica tiene como objetivo llevar a que los alumnos noten la necesidad de un involucramiento mayor en la vida del otro para que las relaciones interpersonales sean más profundas y pueda haber más ayuda mutua.

Procedimiento: El maestro elabora una lista de informaciones sobre sus alumnos de acuerdo al número de alumnos del salón. Ya que el maestro tiene un conocimiento más amplio de la vida de sus alumnos (o debería tener) él coloca una observación interesante, y no tan obvia de cada uno de sus alumnos en esta lista. (Si no tiene esa información disponible, puede distribuir una hoja de papel a cada alumno pidiendo algún hecho desconocido sobre su propia vida).

Ejemplos de observaciones:

1. He viajado más de dos veces al exterior:

_____

2. Hablo más de un idioma fluidamente:

_____

3. He participado en una competencia internacional:

_____

4. Mi pasatiempo preferido es pescar:

_____

Después de cada observación debe dejar una línea para que el alumno pueda firmar con su nombre enseguida de la información relacionada con él.

Al empezar la clase el maestro le entrega a cada uno de sus alumnos la lista con todas las informaciones. Con la lista en las manos cada alumno deberá pedir el autógrafo del compañero a quien se refiere aquella información. Al mismo tiempo el alumno tiene que firmar en cada hoja la información relacionada a él. Se da un determinado tiempo para que se recojan las firmas. En ese momento es natural la formación de una verdadera algarabía, con todos los miembros buscando rápidamente obtener la mayor cantidad posible de autógrafos. A pesar de que no hay ninguna promesa de premio esta dinámica lleva a que todos se involucren calurosamente. Y la dinámica termina cuando el primer alumno tenga toda su hoja llena, llevándola al maestro.

Discutiendo con sus alumnos:

Terminada esta parte empieza la discusión de la técnica:

¿El alumno que terminó en primer lugar es el alumno que realmente conoce mejor al grupo?

¿Fue egocéntrico para obtener las firmas?

¿Demostró disposición para ayudar, disponiéndose a dar su autógrafo?

¿Este mismo alumno también dio un gran número de autógrafos o simplemente se quedó recogiendo las firmas y no se dispuso también a firmar?

¿Algún alumno no consiguió casi ninguna firma porque realmente no sabía casi nada de sus compañeros?

¿Otro alumno no firmó casi nada porque es un desconocido para el grupo?

Esta dinámica es muy interesante, porque además de involucrar y movilizar, puede llevar a una reflexión con respecto al involucramiento del alumno en el grupo y a su postura en aquel momento específico de dinámica.

4   ¿Adivine quién es?

La presentación es una técnica utilizada en un salón de clase con el objetivo de profundizar el conocimiento entre los alumnos, intentando motivarlos a intensificar las relaciones interpersonales.

Para iniciar esta técnica el maestro deberá sortear parejas al azar (sin utilizar, por ejemplo, los números de la lista de asistencia) y pedirá que los participantes de cada pareja se sienten uno al frente del otro teniendo cada uno en sus manos papel y lápiz.

Entonces, el maestro dictará las frases que están abajo a todas las parejas formadas, para que ellas respondan considerando al compañero que está al frente. En esta hoja tienen que aparecer apenas las respuestas. No debe aparecer ni el nombre de la persona ni el de su compañero.

Ejemplos:

Aquí están algunos ejemplos de frases. Dependiendo del objetivo y del contexto del salón el maestro podrá hacer otro tipo de frases para que sean completadas:

- ❯ Me parece una persona que...
- ❯ Su cualidad más grande parece que es...
- ❯ Cuando se encuentra en dificultad la reacción de esta persona es...
- ❯ Una característica que fácilmente la identifica es...

Las personas responden en la hoja distribuida por el maestro, completando estas frases relacionadas a sus compañeros, sin que haya ningún tipo de comunicación entre la pareja.

Entonces, el maestro distribuye una nueva hoja para que cada uno de los participantes responda las mismas preguntas, ahora, sobre sí mismo.

El maestro recogerá las hojas separándolas en dos grupos: Uno con sus respuestas personales y el otro con las hojas que caracterizan el compañero de la pareja.

Entonces, el maestro leerá las respuestas de los alumnos relacionadas con sus caracterizaciones personales. Después de la lectura los alumnos discutirán, intentando identificar de quién se trata aquella característica. Después de un tiempo, si el grupo no lo identificó correctamente, la propia persona hará su identificación. Se hace lo mismo hasta que todas las caracterizaciones personales sean leídas.

Enseguida se hace la lectura de los papeles que describen al compañero de la pareja, para que nuevamente el grupo de alumnos intente identificar a quién se refiere. Si el grupo no consigue identificar a la persona, el compañero de la pareja que escribió se identificará diciendo por qué escribió aquella característica con relación a su compañero.

No es necesario leer todas las respuestas. Dependiendo de cómo esté el interés de la clase y su participación en esta técnica de conocimiento mutuo, el maestro podrá leer un número más grande o más pequeño de caracterizaciones.

Álbum de fotografías

Material necesario: Máquina fotográfica; rollo fotográfico; álbum de fotografías.

Procedimiento: El maestro determina un día especial en el que saca una fotografía de cada alumno de la clase individualmente. Después de revelar las fotografías, las coloca en un álbum especial que puede usar como recuerdo para orar por cada uno que pasa por su influencia, y/o hacer anotaciones y observaciones sobre características y necesidades de aquel alumno.

Auto-presentación

Cada alumno debe presentarse dentro de un tiempo estipulado por el maestro. Puede responder algunas preguntas básicas e iguales para todos, o el maestro puede hacer una entrevista (perfil) de cada miembro de la clase. Dependiendo del número de personas en el grupo, puede hacer algunas presentaciones al comienzo de cada clase, o todas de una sola vez.

Prendiendo el Fósforo

Material necesario: Caja de fósforos con un fósforo para cada alumno.

(Esta idea es apropiada solamente para grupos pequeños de adultos.)

Procedimiento: El maestro distribuye un fósforo para cada miembro de la clase. Cada uno a su vez prende el fósforo y hace una auto presentación, pero tan sólo mientras el fósforo este prendido. (Este "rompehielos" funciona especialmente bien cuando hay miembros de la clase que tienden a dominar la conversación, o cuando el maestro quiere garantizar que la actividad no sobrepase el tiempo designado).

8 Pobrecito

Material necesario: Frijoles, un vaso para cada participante; premio (?)

Procedimiento: Cada participante recibe un vaso con cinco o más frijoles. Determine por sorteo la persona que debe dar inicio al juego. Ella va a mencionar algo que NUNCA hizo, pero que cree que casi todos los demás ya lo han hecho (por Ej.: "Yo nunca fui reprobado en una materia"). Cada persona que ya pasó por aquella experiencia debe sacar un grano de frijol de su vaso. El juego prosigue hasta que sólo una persona tenga aún granos de frijoles en su vaso. El "pobrecito" del grupo, que nunca tuvo la oportunidad de pasar por las experiencias mencionadas, tiene derecho a un premio.

9 Recogiendo datos

Material necesario: Un "formulario" preparado con anticipación con espacios para que los alumnos llenen.

Procedimiento: El maestro distribuye el "formulario" el primer día de clase y les pide a los alumnos que llenen la información solicitadas, que incluye datos comunes y también áreas de interés y otras informaciones relacionadas a la clase. Por ejemplo, una clase para parejas sobre "hogar cristiano" podría usar una ficha como la del siguiente ejemplo:

Hogar Cristiano   *1er. Trimestre, 2013*

Datos personales

Nombre:_____Cumpleaños: _____

Nombre:_____Cumpleaños: _____

Aniversario de matrimonio:_____

Hijos (nombre y edad):

_____   _____

_____   _____

Dirección:_____

Teléfono:_____ E-mail:_____

¿Hace cuánto tiempo frecuentan esta iglesia?_____

Razones por las que están haciendo esta materia:

Expectativas de la materia:

Algunos pedidos de oración:

CAPTACIONES E INTRODUCCIONES

Los primeros minutos de clase son los más importantes. Por eso tienen que ser bien planeados para establecer el tono de la lección. Muchos maestros desperdician esos momentos preciosos "hablando tonterías", cuando podrían estar llenando corazones. Una buena captación incluye muchos, si es que no todos, de los siguientes elementos:

- *despertar el interés*
- *mostrar una necesidad*
- *establecer el "tono" de la lección*
- *orientar el tópico o texto*
- *construir un puente entre el texto y el alumno*

A continuación, algunas ideas que podrían ejercer esa función al inicio de la clase.

10 Ahorcado

Aunque sea un juego muy antiguo, aún funciona con casi cualquier grupo que sabe leer y deletrear. Enfoca la atención en una palabra clave (tema) de la clase que el maestro quiere desarrollar después.

Existen muchas variaciones, pero la esencia del juego es que los alumnos tendrán que adivinar una palabra o frase escogida por el maestro, con espacios dibujados en el tablero (o retroproyector), un espacio para cada letra de la palabra o frase. El maestro también dibuja una horca al lado de los espacios en blanco.

Puede dividir el grupo en equipos, y los alumnos empiezan adivinando letras (normalmente no se permite adivinar vocales— a, e, i, o, u), cada equipo en su turno. Cuando se arriesga a adivinar la palabra completa, se da por utilizado el turno del equipo.

Si el alumno acierta la letra, el maestro escribe esa letra en cada espacio donde aparece en la palabra. Si se equivoca, escribe la letra por encima de la horca (para que los otros alumnos no la usen de nuevo) y coloca una parte del cuerpo humano en la horca: cabeza, tronco, brazos, piernas, manos, pies. Gana el equipo que adivina la palabra antes de ser "ahorcado". Gana el maestro si ningún equipo acierta antes de ser ahorcado.

11   Deletrear

Al mismo tiempo que sirve como "rompehielos", ese juego también ayuda a introducir un tópico a ser discutido en la clase.

Material necesario: Hojas en blanco A4 divididas por la mitad; una letra debe ser escrita en cada hoja, deletreando el tema (la palabra clave) de aquella clase. Preferiblemente la palabra debe tener como mínimo 7 letras.

Procedimiento: Cada equipo recibe un "juego" de hojas y son entregadas a los miembros del equipo. Un miembro es escogido como "secretario" para anotar las palabras formadas por el equipo. Dada la señal, los miembros del equipo tendrán que moverse para formar tantas palabras como sea posible, usando solamente las letras recibidas. Para que valga, los miembros del equipo tienen que moverse y entrar en una fila mostrando la nueva palabra. Cuanto más grande sea la palabra, más puntos recibe. Sugerimos que palabras con 3 letras reciban un punto, y un punto "más" por cada letra adicional que sea usada. (Por ejemplo, una palabra de 4 letras recibiría 2 puntos; de 5 letras recibiría 5 puntos, etc.). Las palabras formadas no deben ser nombres propios. No debe contar el singular de palabras ya enumeradas en el plural, ni cambios de persona y número de verbos ya contados. Después de un determinado límite de tiempo (¿2 minutos?) los resultados deben ser evaluados. Se puede dar unos bonos si el equipo usa todas las letras, adivinando de esta manera el tema del día. También se puede dar un bono si el equipo forma palabras relacionadas al tópico que está en discusión.

12   Dígalo con mímica

Una captación que con seguridad llamará la atención de la clase involucra una "dramatización" no-verbal. Al inicio de la clase, sin haber hablado ninguna palabra, y con todos en la expectativa de que la lección empiece, el maestro comienza a dramatizar silenciosamente los eventos principales de la historia, una aplicación de la historia o, como normalmente es hecho en "dígalo con mímica", una frase o palabra clave de la clase que él quiere que los alumnos graben.

En este último caso, el maestro (o algún miembro escogido de la clase con anticipación) debe señalar con los dedos cuántas palabras en la frase y/o cuántas sílabas en la palabra. Puede dramatizar la palabra en sí o partes de la palabra (sílabas) hasta que alguien adivine la frase correctamente.

13   Mini dramas

Una de las mejores maneras de captar la atención y enfocar el tema de la clase junto con su aplicación es por medio de una corta dramatización. Puede ser seria o chistosa, con o sin diálogo, con o sin introducción. Un grupo de alumnos debe ser reclutado con anticipación y orientado por el maestro. El mini drama debe construir un puente para la clase, destacar su idea central, levantar un problema que será resuelto o sugerir una aplicación de lo que será enseñado. Debe ser corto, objetivo, fácil de presentar, con el mínimo de preparación posible. Los mini dramas también sirven para dinamizar una parte de la materia que tiene la tendencia a ser desgastante. Por ejemplo, en nuestras clases sobre el libro de Proverbios 1 al 9 el impacto es mucho mayor cuando grupos de alumnos representan su contenido en mini dramas, que cuando el maestro enseña sobre el valor de la sabiduría capítulo tras capítulo. Otros ejemplos de mini dramas utilizados para introducir o dirigir una clase:

- *Un mini drama mostrando trabajadores siendo "displicentes" mientras el patrón está fuera, pero trabajando duro cuando él está vigilando el trabajo (Colosenses 3:22-4:1)*

- *Un mini drama mostrando la figura del hombre "macho" de acuerdo al modelo del mundo (conquistador de mujeres, fumador, violento, etc.) en contraste con la definición bíblica de la verdadera masculinidad (1 Pedro 3:7)*

- *Un mini drama burlándose y ejemplificando las excusas que las personas dan para no evangelizar*

- *Un mini drama mostrando formas en las cuales los niños no obedecen ni honran a sus padres*

14   Estudio de un caso

El estudio de un caso requiere que se formule una situación verdadera en la que se presenta un problema a ser solucionado por los alumnos. El problema debe presentar una necesidad o crear un dilema, cuya respuesta se encontrará en la lección.

El "caso" puede ser contado, leído, o hasta filmado y presentado a los alumnos. Se pueden formar grupos pequeños para sugerir una respuesta o hacer una "lluvia de ideas" mientras el maestro anota las reacciones del grupo en la pizarra.

En el transcurso de la lección o al final, debe volver al estudio del caso para resumir la respuesta bíblica a lo sucedido.

15 Citaciones

Para audiencias más maduras, una manera simple pero poderosa de "captar" su atención es con una frase, provocativa, chistosa o especialmente relevante para el tema del día. Enseguida el maestro puede provocar un debate sobre la misma, una lluvia de ideas o hasta solicitar algún tipo de respuesta por escrito.

Ejemplos de frases apropiadas para la captación:

"Ningún éxito en la vida compensa el fracaso en el hogar."

"A las personas no les importa cuánto sabe, sino cuánto se importa por ellas."

"Para todos nosotros es imposible vivir la vida cristiana, menos para <u>Cristo</u>. Y él quiere vivir Su vida a través de nosotros."

"Dios está más interesado en lo que él está haciendo EN nosotros, de lo que está haciendo A TRAVÉS de nosotros."

16 En el *"billboard"* del éxito

Esta es una dinámica interesante para ser utilizada, principalmente, con adolescentes, pero para usarla el maestro tiene que estar muy atento a lo que los jóvenes oyen y cantan.

Una canción está en la lista de éxitos y toda la juventud pasa cantando el estribillo de esta canción, inclusive los jóvenes y adolescentes de la iglesia. Constantemente el maestro los oye cantando aquí y allá. Pero el maestro sabe que la letra de esta canción no es conveniente para ser cantada por jóvenes creyentes. Y un día el maestro va a dar una clase en la que el tema se contrapone a algunas cosas que son mencionadas en aquella canción que está en la lista de éxitos.

Entones el maestro consigue algún CD con aquella canción y la lleva al salón de clase. Al comenzar su clase la canción se toca con un volumen razonablemente alto. ¡Qué excelente captación! Con seguridad los adolescentes y/o jóvenes se asustarán al ver aquella canción siendo tocada en esta clase. Pero, con seguridad, estarán alerta.

Después de oír la canción el maestro podrá proyectar una transparencia con la letra de aquella canción. Y juntos discutirán de qué habla la misma. Puede dividir en grupos para que los alumnos saquen sus propias conclusiones. Y como hay partes de la canción relacionadas al tema de su clase, esto va a introducir las verdades bíblicas con las conclusiones a que los alumnos estén llegando con relación a la letra de la canción que cantan.

17   Pre-evaluación

Siempre que un maestro vaya a comenzar una serie de clases con sus alumnos sería muy bueno si pudiera hacer una pre evaluación con ellos para verificar el nivel de conocimiento de los alumnos con relación al tema que será expuesto durante aquella serie de clases.

Esta pre-evaluación puede ser por escrito, pero no debe ser difícil ni demorada para no desanimar a los alumnos. Las preguntas tendrán que ser objetivas, (múltiple opción, falso/verdadero, asociación de una columna con la otra), todas muy fáciles y accesibles para los alumnos. Recuerde: muchos de ellos no estudiaron nada sobre aquel asunto y el objetivo no es frustrarlos.

Con el resultado de la evaluación en las manos el maestro podrá notar cuáles son los puntos a los que tendrá que dar más énfasis y cuáles son los puntos que de un modo general, los alumnos ya tienen algún conocimiento. También es interesante para los alumnos, porque ellos, de una manera general, notarán la necesidad de estudiar aquel tema durante aquella serie de clases.

¿Qué tal repetir esta misma pre-evaluación al final de la serie de clases dadas? ¿Será que el resultado será el mismo?

Concordar/Discordar
Material necesario: Una serie de afirmaciones controvertidas

relacionadas a la materia y elaboradas con anticipación por el maestro.

Procedimiento: El maestro levanta una serie de afirmaciones y pide que los alumnos anoten en una hoja de papel si están de acuerdo o no con las declaraciones. Las afirmaciones pueden hasta ser un poco ambiguas, presentando algunas dudas. Después, el maestro puede "corregir" las respuestas, iniciando una discusión sobre cada afirmación leída.

18 Lluvia de ideas

Este método es quizá uno de los más antiguos, pero aun así extremamente apropiado. El maestro simplemente levanta una cuestión que admite varias respuestas, y pide a los alumnos que sugieran esas respuestas tan rápido como sea posible. Durante la "lluvia de ideas" nadie debe evaluar, criticar o juzgar las respuestas. La crítica viene después de concluida la lluvia, cuando el maestro dirija una discusión sobre la cuestión.

Variación: En lugar de hacerlo con toda la clase, el maestro puede pedir a grupos de 2 a 4 que anoten sus respuestas a la cuestión y después compartir los resultados con todo el grupo.

19 Acertando el orden

Si su clase está relacionada a algún tema bíblico o teológico que necesita ser enseñado en el orden cronológico correcto, una buena manera de iniciar su clase es llevar a los alumnos a dar su opinión de cómo ellos creen que se dio el orden cronológico de dichos acontecimientos.

El maestro podrá fijar en la pizarra y en las paredes de los salones algunas hojas escritas o dibujadas con los acontecimientos relacionados al tema de la clase. Cada alumno deberá coger una de estas hojas (la que ellos deseen) e intentar colocarla en el orden que juzguen ser el correcto. El maestro deberá dejar que los alumnos coloquen las hojas en la pizarra o en una pared predeterminada y no debe ayudarlos, dando su respuesta al final de la exposición de los alumnos, corrigiendo y haciendo sus observaciones.

El maestro también podrá colocar estas hojas en el fondo de las sillas o de las mesas de los alumnos, y ellos deberán cogerlas e intentar colocarlas en el orden correcto.

Ejemplos de temas que pueden utilizar esta captación:
- El orden cronológico de la Segunda Venida de Cristo
- El orden cronológico de los principales eventos del Antiguo Testamento
- El orden cronológico de los acontecimientos de la vida de Cristo
- El orden cronológico de algunos acontecimientos de los viajes de Pablo
- El orden cronológico de los libros del Antiguo Testamento
- El orden cronológico de algunos personajes bíblicos.
- El orden cronológico de algunos hechos relacionados a la historia de la iglesia

Esta captación es una forma de pre-evaluación. Con ella el maestro podrá concientizarse de cuánto los alumnos están "al tanto", o no de los hechos relacionados a aquel tema bíblico o teológico. Y dependiendo del resultado de lo que fue expuesto por los alumnos podrá mostrar la importancia y la necesidad de estudiar aquel tema con ellos.

20 ¿Usted qué opina?

Una manera simple, pero muy eficaz de comenzar una clase es dejar una frase o palabra escrita en el tablero con letras muy grandes y de colores, (que llame la atención de los alumnos) antes que los alumnos entren en el salón de clase. Cuando entren verán lo que está escrito y con seguridad empezaran a pensar con respeto a aquello. El maestro dará la tiza o bolígrafo (en el caso de que la frase esté escrita en la hoja de un rotafolio) y se lo dará a un alumno para que él escriba lo que se le venga a la cabeza cuando lee aquella palabra o frase. Un alumno escribirá y dará la tiza o bolígrafo a otro alumno que escribirá lo que desee con relación al tema propuesto. Con la opinión de los alumnos ya escrita, el maestro tendrá un buen material para iniciar su clase.

Es imprescindible en este tipo de captación que el maestro valore lo que los alumnos escribieron, independiente si aquello que fue escrito corresponde a la expectativa del maestro o no. Y con aquello que fue escrito el maestro deberá hacer un puente para el inicio de su clase.

Ejemplos:

En una clase para adolescentes sobre la relación padres e hijos el maestro podrá simplemente escribir en el tablero:

Mi familia es...

En otra clase sobre relación familiar:

Me siento feliz en mi casa cuando...

En una clase sobre mutualidad en la iglesia:

Me siento realizado en la iglesia cuando...

21   ¿Quién es Quién?

Este juego pedagógico tiene como objetivo averiguar el nivel de conocimiento de los alumnos con relación a los personajes bíblicos y crear curiosidad para descubrir quién es determinado personaje. Se puede utilizar como captación de una clase sobre un determinado personaje bíblico o sobre un asunto en que aquel personaje tenga una participación determinante.

El maestro empezará su clase diciendo a los alumnos que ellos deberán identificar el personaje bíblico a través de las preguntas que harán a un alumno, al propio maestro u otra persona que haga el papel del personaje. Todas las preguntas hechas por los alumnos deben presentar el contenido de tal forma que permitan al personaje apenas dos tipos de respuestas: sí o no.

Como deben ser hechas las preguntas:

Empieza el juego y un alumno, pregunta, por ejemplo:

"*¿El personaje es hombre?*"

Si el personaje dice sí, la otra persona puede preguntar, por ejemplo:

"*¿Es un personaje del Antiguo Testamento?*"

Si el personaje dice no, se concluye que es un hombre del Nuevo Testamento.

¿Este personaje tuvo algún contacto personal con Jesús?

Si el personaje dice que sí, se sabe que aquella historia se encuentra en los evangelios.

Continué así hasta que los alumnos descubran quién es aquel personaje.

Al ser descubierto el personaje, el maestro podrá dar inicio a su clase haciendo un puente entre aquello que fue preguntado por los alumnos y lo que será enseñado por él.

22   Rompecabezas

Si su clase será la exposición de un único versículo, o este versículo será la base de su clase, una manera interesante de empezar es tener todo su versículo fijado de una forma bien grande en la pizarra de su salón. Pero para fijarlo los alumnos tendrán una participación activa.

El maestro podrá escribir (a mano o en el computador) todo su versículo en algunas hojas de papel o una hoja más gruesa. Después el maestro recortará este versículo con el objetivo de formar un rompecabezas. Cuando los alumnos lleguen a la clase los pedazos del versículo recortado estarán o encima de la mesa, o en el piso del salón, o en las sillas de los alumnos, o inclusive fijadas en la pizarra.

El maestro escogerá algunos alumnos o ellos se ofrecerán voluntariamente y cogerán las partes de los versículos para formar el rompecabezas con todo el versículo escrito, fijándolas correctamente con una cinta de enmascarar en la pizarra. Cuando terminen los alumnos leerán juntos el versículo y el maestro lo leerá empezando la clase.

Es una buena captación, principalmente si el tema de la clase está relacionado a la mutualidad, cooperación mutua, relaciones interpersonales etc...

Es una captación interesante para ser utilizada con preadolescentes, adolescentes e incluso con jóvenes, pero dependiendo de la situación inclusive algunos grupos de adultos participarán con interés en este tipo de introducción a la clase.

El rompecabezas puede ser utilizado no sólo en la formulación de un versículo, sino también en una frase, una pregunta, un pensamiento, que, al ser formado, será leído por los alumnos, llamando su atención para el inicio de la clase.

Ejemplo:
El tema de su clase es Romanos 3.23
Este versículo puede ser escrito y recortado como se muestra abajo.

"Por cuanto todos pecaron, y están destituidos de la gloria de Dios"
Romanos 3.23

23　Fotos o imágenes

Esta es una captación muy simple y puede dar un buen resultado para llamar la atención de sus alumnos al tema que estará siendo expuesto. La ventaja más grande es que es una captación simple y rápida. Pero para que ella alcance el objetivo esperado, es importante que sea una fotografía que llame mucho la atención de sus alumnos.

El maestro podrá comenzar su clase mostrando una fotografía o viñeta y les pide a ellos que hablen lo que les viene a la cabeza al ver aquella fotografía o viñeta. A la medida que los alumnos van hablando, el maestro podrá anotar en la pizarra lo que dicen o simplemente oye lo que ellos hablan.

Como las observaciones hechas por los alumnos son las que llevarán específicamente al maestro a entrar al tema de la clase, las fotos o imágenes tienen que ser bien escogidas para que el asunto no se desvíe.

Tiene que ser lo más grande posible para que pueda ser vista por toda la clase.

Dificultad:

Es importante que el maestro tenga un archivo o una carpeta donde va almacenando fotos, imágenes, reportajes de periódicos o revistas que un día podrán ser utilizados en una clase. El maestro que tiene el hábito de archivar periódicos o revistas tendrá excelentes captaciones para presentar a sus alumnos.

24 Votación[13]

Mientras los alumnos entran en la clase, entregue una hoja a cada uno con un asunto para votar, y entre 3 a 5 opciones. Pida que escojan UNA opción y devuelvan sus votos en anonimato. Después, el maestro calcula los resultados y discute con los alumnos el resultado de la votación y la razón que hay por detrás de sus votos. La "votación" puede ser utilizada para estimular el debate, provocar reflexión, analizar cuestiones éticas, polémicas y mucho más.

Un ejemplo: *¿Cómo respondería usted si descubriese que su mejor amigo estaba usando drogas? Elija LA opción que representaría su reacción principal:*

_____ *(a) Orar por él*
_____ *(b) Confrontarlo en ese momento*
_____ *(c) Alertar a sus padres*
_____ *(d) Llamar al pastor*
_____ *(e) Quedarse quieto*

25 Evaluación Crítica[14]

Material necesario: Grabación o video de un testimonio o declaración para ser evaluado por la clase.

Procedimiento: El maestro debe grabar en *mp3* (o algo parecido), o filmar un testimonio o una declaración, verídica o

[13] Richards, p. 231.
[14] Richards, p. 235.

dramatizada, que revele actitudes, necesidades u opiniones relevantes para la materia que está siendo estudiada. También puede usar múltiples grabaciones para contrastar testimonios diferentes. Después de escuchar o ver el testimonio, los alumnos deben anotar o discutir sus reacciones, críticas, sugerencias, etc.

Ejemplos de situaciones propias para la evaluación crítica:
- Alguien que justifica su divorcio y nuevo matrimonio con su secretaria
- Alguien que se endeudó e intentó auxiliarse con prestamistas y la lotería
- Un ateo enumerando las razones por las que no cree en Dios
- Una joven cristiana hablando por qué ella tiene como novio a un no creyente

26 Historias infantiles

Algunas técnicas didácticas que parecen ser propias solamente para determinadas edades, pueden ser usadas OCASIONALMENTE con gran impacto en otros grupos. Por ejemplo, existen muchas historias que contamos a los niños que contienen excelentes ilustraciones de lecciones bíblicas. El maestro puede empezar su clase de jóvenes o adultos contando una de esas historias (de preferencia, leyendo directamente del libro y mostrando los dibujos). Además de la nostalgia de la infancia, va a construir un puente por un camino inesperado para el contenido de la clase en aquel día.

27 Oración por Misiones

Material Necesario: Datos u otro material informativo con pedidos de oración por misiones.[15]

---

[15] Una herramienta perfecta para ese ejercicio es: *Operation World* por Patrick Johnstone (IVP).

La pasión misionera debe caracterizar toda nuestra enseñanza si queremos ser verdaderos discípulos de Jesús. En último análisis, la enseñanza que es verdaderamente *cristiana* seguirá el corazón de Cristo, y la enseñanza de Cristo fue una enseñanza misionera: *Y al ver las multitudes, tuvo compasión de ellas; porque estaban desamparadas y dispersas como ovejas que no tienen pastor. Entonces dijo a sus discípulos: "A la verdad la mies es mucha, mas los obreros pocos. Rogad, pues, al Señor de la mies, que envíe obreros a su mies"* (Mateo 9:36-38). Una de las maneras con la que podemos mantener el corazón de nuestros alumnos palpitando por las misiones es por medio de la oración misionera como parte de nuestra clase.

Nos gusta empezar nuestras clases con una simple transparencia u otro visual enumerando algunos hechos sobre un determinado país del mundo (población, alfabetismo, capital, renta per cápita, idiomas, religiones, número de evangélicos, misioneros, etc.) seguido por algunos pedidos de oración de acuerdo a los enumerados en el libro. Esa práctica ayuda a todos —maestro y alumnos - a mantener la realidad y necesidad del mundo siempre ante ellos. También promueve un espíritu de gratitud por los privilegios que gozamos como evangélicos en nuestra ciudad o país.

Variación: Un excelente proyecto misionero para una clase sería la "adopción" de un misionero en el campo. La clase puede enviar cartas, paquetes simples, e incluso participar en el sustento del misionero por quien ya están orando.

28   Canto

A veces tenemos miedo de usar una de las técnicas más bíblicas y fáciles para comenzar una clase —la buena música. El canto une, inspira y direcciona los pensamientos hacia Dios. ¿Qué mejor manera para empezar una lección bíblica? Cerciórese que la letra de la canción sea apropiada y doctrinariamente sana, y que la canción sea conocida o suficientemente fácil de aprender. Consiga la letra y, si es posible, alguien para que acompañe con guitarra u otro instrumento.

DINÁMICAS DE ENSEÑANZA

Este capítulo es el más grande del libro, y contiene lo que consideramos las ideas esenciales para garantizar una enseñanza dinámica.

Las siguientes ideas fueron divididas de acuerdo a sus categorías. Una u otra idea podría ser incluida en más de una categoría, pero la clasificamos de acuerdo a su mayor "afinidad".

- Dramatizar
- Discutir
- Escribir
- Investigar
- Crear

Dramatizar

29 · Dramatización/Teatro

Los dramas tienen un impacto en el intelecto, en la emoción y en la voluntad, que recompensa doblemente al maestro que invierte un poco más de tiempo preparándolo. Los dramas funcionan con todas las edades, pero es la técnica preferida en el trabajo con jóvenes y adolescentes. El drama puede ser extremamente simple, hecho en un instante y sin preparación, escenario o material de apoyo, o puede ser una producción teatral, exigiendo semanas de ensayo.

Al maestro le corresponde elaborar un plan sobre la situación a ser dramatizada —sea un evento, una historia bíblica o una situación contemporánea que aplica un principio bíblico. Debe reclutar los actores (de preferencia, voluntarios), y dar el tiempo y la orientación suficiente para que ellos se sientan a gusto con sus papeles. El maestro establece un límite de tiempo para la dramatización (ya consciente del hecho de que normalmente el drama demorará más de lo que imaginaba).

Prácticamente toda lección posee algún elemento que puede ser dramatizado. Eso no significa que el maestro debe usar dramas todas las semanas, pues tendrá que aplicar su discernimiento para saber cuándo sacar esa carta de la manga. Pero la técnica despertará hasta a los alumnos menos interesados en la materia.

Peligro: Una imaginación "santificada" tiene gran valor, pero tiene que ser disciplinada por el texto bíblico. El maestro necesita orientar y guiar a los alumnos para que la dramatización quede dentro de los parámetros bíblicos y del buen gusto.

Variación 1: Puede dividir el grupo en varios grupos pequeños y pedir que cada grupo presente un mini drama dramatizando un aspecto de la lección.

Variación 2: Puede hacer un concurso entre los grupos para ver cuál grupo consigue la mejor presentación.

30   Monólogo

Determinados temas bíblicos pueden ser muy bien presentados en la forma de un monólogo. En vez de hacer un discurso sobre un determinado asunto o simplemente dar una lección sobre un personaje bíblico, el maestro se pude disfrazar de un personaje y contar la historia bíblica, con todas sus enseñanzas y aplicaciones prácticas desde el punto de vista de aquel personaje.

Para que alcance el objetivo, el maestro tendrá que prepararse bien para esta clase. Tendrá que estudiar muy bien el texto bíblico obteniendo la mayor cantidad de información posible con relación al tema que será presentado. Además de esto tendrá que transformar su información en un texto que será expuesto como un monólogo. Y tendrá que invertir un buen tiempo estudiando el manuscrito (si es posible, hasta memorizarlo) para que la presentación sea hecha de una forma dinámica e interesante. Lo ideal es que el maestro pudiese ir vestido con ropa de la época.

Ejemplo de algunos temas que pueden ser presentados en un monólogo:

- Pedro contando cómo fue su vida al lado del Señor Jesús y cómo fue capaz de traicionarlo.
- La historia de Rut la moabita.
- Oseas hablando de su experiencia conyugal con Gomer.
- David narrando cómo cayó en el pecado de adulterio con Betsabé.
- José contando cómo se libró de la tentación con la mujer de Potifar.

Existen innumerables posibilidades de temas. Pero es importante que al hacer la narración el maestro no hable solamente de los acontecimientos, sino que preciosas lecciones prácticas vayan siendo colocadas en el transcurso del monólogo.

31   Lectura alternada

La creación de lecturas alternadas puede hacer dinámica una clase sobre una historia o un texto ya muy conocido por los alumnos. Verán el texto como nunca lo vieron antes.

No es necesario utilizar recursos profesionales, a pesar de que también son útiles. Tampoco necesita coordinar muchos ensayos, a pesar de que los lectores deban tener la oportunidad de ensayar algunas veces antes de presentarse ante el grupo.

El maestro divide un texto en partes, designando lectores con números y haciendo una copia de la selección para cada uno. Con un poco de creatividad se puede crear un texto con bastante impacto a través de lecturas alternadas y en conjunto.

Con la práctica los alumnos desarrollarán habilidades de expresión, contacto con los ojos, y otras técnicas de lectura dramática.

Vea el siguiente ejemplo del Salmo 23:

1	Jehová es mi pastor;
2	Nada me faltará
3	En lugares de delicados pastos me hará descansar;
4	Junto a aguas de reposo me pastoreará;
1	Confortará mi alma.
2,3	Me guiará por sendas de justicia
1,4	Por amor de su nombre.
1	Aunque ande en valle de sombra de muerte,
2	No temeré mal alguno,
TODOS:	Porque tú estarás conmigo;
3	Tu vara y tu cayado me infundirán aliento.
4	Aderezas mesa delante de mí en presencia de mis angustiadores,
1	Unges mi cabeza con aceite;
4	Mi copa está rebosando.
2,3	Ciertamente el bien y la misericordia me seguirán todos los días de mi vida,
TODOS:	Y en la casa de Jehová moraré por largos días.

32   ¿Qué está mal?

Esa técnica de enseñanza nació en casa, el día menos esperado por nuestros hijos: La lectura de historias bíblicas. Aunque teníamos una colección bastante grande de historias infantiles, no demoró mucho tiempo para que nuestros hijos memorizaran el texto de cada una al derecho y al revés. Entonces, para que la lectura no se volviera rutinaria, comenzamos a remplazar algunos detalles o nombres en la historia por otras, equivocadas. ¡Cómo despertó la atención de los niños! Se quedaron atentos para descubrir cómo y cuándo papi se equivocaba en la historia. Y los detalles del texto fueron grabados mejor aún.

Use esa técnica con clases de niños cuando usted desconfíe que la historia de la lección sea tan bien conocida que casi se volvió aburrida. Úsela también para despertar aún más el interés en los detalles de la historia que a veces no notamos.

33   Títeres

Títeres, sean estos comerciales o hechos en casa, captan el interés y transmiten lecciones de forma agradable. A pesar de que su uso principal sea con niños, el maestro de adultos no debe desechar esa técnica didáctica con su clase.

Un grupo de alumnos o de invitados puede ser convocado para presentar una pequeña pieza que introduzca o transmita la lección del día. Los títeres simples también pueden ser hechos en la clase y la lección dramatizada por voluntarios como forma de recapitulación de la materia.[16]

También existen videos con piezas bíblicas para títeres. Cerciórese de lo que hay en su librería evangélica.

34   Interpretar el papel

En esta actividad los alumnos tendrán la oportunidad de explorar sentimientos y actitudes involucradas en una historia y también luchar con la vida real al intentar resolver un problema o dilema. El maestro debe preparar el auditorio para que todos entiendan la situación o contexto histórico de una historia bíblica. Después, escoge 2 o 3 "actores" que, sin ensayo, harán el papel de los varios personajes involucrados en aquella escena. (Puede darles algunos minutos a ellos para que se prepararen

---

[16] Para más información sobre tipos de títeres, técnicas, para armar palcos y escenarios, la elaboración de textos y 8 pequeñas dramatizaciones, vea el libreto *Fantoche Amigo,* por Vera Brock - *portugués* (Atibaia: Redijo, 1988): Vera Brock C.P. 43 12940-970 Atibaia, SP – Brasil (11) 4415-1377.

y se pongan de acuerdo en algunos detalles simples entre sí. El maestro necesita cerciorarse que cada uno entiende exactamente cuál es el papel que debe desempeñar en el mini drama). Los actores deben "interpretar el papel", asumiendo la personalidad, sintiendo las emociones, dramatizando las reacciones de las personas involucradas. "Interpretar el papel" le facilita mucho a la clase el vivir los eventos de la historia.

El mini drama debe continuar por 1 a 5 minutos. El maestro debe interrumpirlo cuando el punto principal ya fue hecho y las emociones aún continúan fuertes. No debe esperar demasiado después del clímax de la presentación para hacer el puente para la clase.

Al terminar, debe haber una discusión con la clase sobre lo que fue descubierto, las emociones sentidas, y las lecciones aprendidas. Puede entrevistar a los propios actores, preguntando qué sintieron y por qué actuaron de esa manera.

Ejemplos de situaciones propias para "interpretar el papel":
- María explicando a sus padres que estaba embarazada
- El hijo pródigo con su papá y hermano mayor un día después de la fiesta
- Zaqueo explicando a sus familiares por qué está devolviendo su dinero a los pobres
- Un joven intentando compartir el evangelio con sus compañeros en el equipo de fútbol
- Un empleado cuyo jefe le pidió que mintiera por teléfono

35 Transmisión vía radio (TV)

Exige más preparación, pero los resultados de esa dramatización valen la pena. El propio maestro puede preparar un manuscrito, o desafiar a algunos alumnos a investigar y escribir un reportaje. La transmisión puede ser en vivo, grabada en vídeo o leída como si fuera el noticiero de la noche.

El reportaje puede incluir:

- declaraciones de testigos de acontecimientos bíblicos
- entrevistas con personajes bíblicos
- noticias que coincidan con historias bíblicas (dando informaciones importantes del contexto histórico, contexto cultural, etc.)
- elementos humorísticos (deportes, previsión del tiempo, etc.)

Algunos ejemplos de historias bíblicas apropiadas para una "transmisión vía radio":

- Noé construyendo el arca
- Josué y los israelitas en marcha extraña alrededor de Jericó
- Jonás llegando a Nínive
- El Rey David al ser expulsado de la capital por el propio hijo
- La entrada triunfal de Jesús en Jerusalén

36   Símbolos

La esencia de la creatividad involucra asociaciones nuevas y la concretización de conceptos abstractos. Los símbolos visibles y manuales tienen gran poder para alcanzar esos dos objetivos, un hecho reconocido ya hace mucho tiempo por quienes sirven a personas con deficiencia auditiva.

Hemos sacado provecho de ese poder de símbolos en el salón de clase e inclusive en discursos y predicaciones. Por ejemplo, creamos símbolos para representar la idea principal de cada libro de la Biblia (vea el Apéndice 2).[17]

También usamos símbolos para designar períodos de historia y panorama geográfico. Los símbolos también nos servirán para designar los puntos principales de un sermón o una clase. Basta un poco de creatividad para hacer lo abstracto algo concreto, y de esta manera memorable y que se memorice.

---

[17] El ministerio Caminata Bíblica en Brasil ha sacado el máximo provecho de ese principio para trazar la historia del pueblo de Dios en los dos Testamentos.

37

"Peregrinando ..."

Puede exigir más creatividad y preparación, pero "Peregrinando" grabará para siempre el contenido de una clase en la que la geografía tiene un papel significativo. El maestro necesita primero fijar bien en su propia mente un mapa de acontecimientos bíblicos, lugares y distancia relativa entre ellos. Debe diseñar todo en una hoja de papel.

Segundo, necesita juntar objetos que representen la topografía y/o los eventos y personajes de la historia. Estos deben ser montados en la clase o, de preferencia, en un espacio más grande, como un patio, gimnasio o al aire libre. Cuando el grupo se congrega, el maestro cuenta la historia con referencia a ese mapa "3D", andando entre los lugares y mostrando lo que sucedió y dónde.

Después de pasar 2 o 3 veces por la historia de esa manera, el maestro debe elegir algún alumno para que haga lo mismo, repitiendo la experiencia hasta que todos se hayan grabado los detalles.

Hemos usado esa técnica en la materia de Panorama Bíblico para relacionar geografía, personajes y eventos principales del Antiguo y del Nuevo Testamento. Pero también puede usarse para contar la vida de Cristo, los viajes de Pablo, el Éxodo, el cautiverio babilónico, la historia de la reforma de la iglesia, y mucho más.

Discutir

38

Entrevista (invitado especial)

Si no fuera tan frustrante, sería cómico. Un hijo adolescente llega a la casa con una "gran idea"—un consejo que oyó de un maestro, compañero o líder de jóvenes. Lo comparte con sus padres como si nunca hubiera oído sobre el asunto. ¡Sólo que repite algo que los padres ya le han dicho a lo largo de muchos años!

Ese es el poder de una entrevista con un "invitado especial". Inclusive puede hasta repetir el mismo contenido que el maestro, pero el hecho de que viene de un "experto" de fuera genera milagros. También sirve mucho para reforzar aspectos prácticos de la materia.

Obviamente, la persona siendo considerada como invitada debe compartir una perspectiva semejante a la del maestro, a no ser que el propósito sea presentar un punto de vista contrario.

El invitado no tiene, necesariamente, que ser entrevistado, a pesar que muchos se sentirán más a gusto en una entrevista. Las preguntas deben ser preparadas y entregadas con anticipación al invitado. Evite demorarse más de la cuenta en una única pregunta, y mantenga la entrevista viva e interactiva con la participación de la audiencia.

Entrevista (personaje bíblico)

Una técnica dinámica y atrapante, utiliza a los alumnos para la realización de una entrevista con algún personaje bíblico. En vez de simplemente dar una charla sobre un determinado acontecimiento o personaje, el maestro presenta el contenido de su clase a través de una entrevista, donde por medio de las respuestas del entrevistado el contenido bíblico es transmitido de una forma más envolvente.

El maestro, con anticipación, selecciona dos alumnos para que puedan estar juntos en la preparación de la clase. El maestro junto con estos alumnos estudia el texto bíblico, elabora las preguntas, así como las respuestas. Mucha información del contexto de la época debe ser mencionada en esta entrevista, para dar un contexto histórico más real de los acontecimientos. Puede haber libertad para exponer sentimientos, aunque no los encontremos en el texto bíblico, dando más dinamismo a la clase. Si es posible los alumnos pueden ir vestidos con ropas de esa época, ayuda mucho más a la clase.

Si el maestro quiere ser bastante convincente y no tiene ningún alumno que pueda ser el entrevistado, entonces, él mismo hace este papel y un alumno será el entrevistador.

Ejemplos:

Algunas situaciones bíblicas que pueden ser fácilmente enseñadas por medio de entrevistas:

- ➲ Moisés contando por qué no entró en la tierra prometida.
- ➲ David contando su perspectiva, de cómo fue que cayó en el pecado de adulterio y cómo sufrió las consecuencias de este pecado.
- ➲ José, siendo entrevistado en Egipto, hablando cómo llegó a ser el 2° hombre en la tierra de Faraón.
- ➲ Después de la conversión del pueblo de Nínive, Jonás es entrevistado y cuenta toda su historia y todo lo que pasó hasta llegar allí.

Los entrevistados tienen que demostrar mucha emoción, para que haya un realismo más grande, pero no pueden dejar de ser bíblicos. Las propias implicaciones y aplicaciones prácticas pueden ser extraídas de la entrevista. Si el alumno está bien preparado podrá responder a fax y correos electrónicos enviados por los "telespectadores" que quieren obtener más información del entrevistado.

39 Panel

Mientras que la entrevista aprovecha la presencia de UN invitado especial, el panel requiere un número más grande de especialistas. Un panel de expertos casi siempre enriquece una materia, haciéndola dinámica e incrementando dimensiones que van más allá de la experiencia del propio maestro. Funciona bien a cualquier altura del semestre, pero sirve mucho al final del curso para recapitular tópicos estudiados, reforzar el valor de la materia e incrementar ideas sobre cómo la "teoría funciona en la práctica".

Un número limitado (tal vez 3 o 4) de "expertos" en determinado asunto debe ocupar sillas en un semicírculo al frente del grupo, con espacio para un moderador. Las preguntas deben ser preparadas con anticipación y, en la medida de lo posible, entregadas a los miembros del panel antes del encuentro. El maestro puede desafiar a los propios alumnos a preparar preguntas en el transcurso del semestre y entregarlas antes de la fecha del panel.

El maestro debe conocer muy bien a las personas que piensa invitar, su experiencia y capacidad junto con sus posiciones doctrinales. ¡No quiere la sorpresa de que alguien desmonte todo lo que fue construido durante un semestre! Necesita entrar en contacto con sus invitados con bastante anterioridad, e informarlos sobre el tópico, las preguntas, y otras informaciones útiles.

El panel no es necesariamente un debate ENTRE los participantes, sino una oportunidad para aclarar dudas, ilustración de la práctica de la teoría y exposición de nuevos ángulos del asunto. El moderador debe verificar que ningún invitado domine el tiempo, y que las preguntas sean sabiamente distribuidas entre el panel.

Panel de debates

Existen muchos temas teológicos en la Biblia donde, aparentemente existen posiciones divergentes. Estos temas son de interés particular de los jóvenes. Les gusta estudiar sobre estos asuntos, principalmente cuando están en el ámbito de discusión y tienen interés en posicionarse y mostrar la lógica de sus posiciones. Ante esa realidad un maestro de jóvenes debe estar abierto a promover, de vez en cuando, en sus clases, un panel de debates.

Algunas sugerencias de temas para ser utilizados en el *panel de debates*:
- Predestinación o libre albedrío
- Cristo murió por todos los hombres o sólo por los escogidos
- ¿El uso del velo es para nuestros días?

Procedimiento del panel de debates:
El maestro deberá seleccionar algunos alumnos, formando un equipo (de 3 a 4 alumnos), para que se preparen adecuadamente para el debate, como mínimo una semana antes. Al seleccionarlos, también establecerá cuál será el punto de vista defendido por el equipo.

Los alumnos deberán alistar sus argumentos, buscando una base bíblica y teológica para aquello que presentarán. Cuanto más contenido bíblico y más lógica y coherencia teológica, más grande será la capacidad de vencer el debate.

Al comienzo de la clase en la que sucederá el panel de debates el maestro presentará nuevamente el tema en debate y establecerá las reglas fundamentales de la participación de los 2 equipos encargados de defender posiciones contrarias con relación a aquel tema. Todos los otros lados harán parte de la platea y durante la clase serán llamados para que participen.

Empieza el Panel de Debate:

- Presentación de los argumentos del Equipo "A" sin derecho a la réplica
- Presentación de los argumentos del Equipo "B" sin derecho a la réplica
- Preguntas del Equipo "A" para el equipo "B"
- Preguntas del Equipo "B" para el equipo "A"
- Preguntas del Plenario para el equipo "A" con derecho a réplica
- Preguntas del Plenario para el equipo "B" con derecho a réplica.

Es fundamental el establecimiento del tiempo para cada una de estas etapas, para que el Debate no se vuelva algo aburrido o monótono. La agilidad es fundamental para el éxito de este tipo de dinámica.

El juicio:

Después de esta etapa sucederá una de las etapas más importantes del panel de debates: el juicio. Se debe dejar bien en claro que lo que estará siendo juzgado no será la capacidad de argumentación o de discusión de aquellos que se presentaron, sino el argumento y la tesis de cada uno de los equipos.

El maestro entregará una pequeña hoja de papel para cada una de las personas de la Platea para que ellos voten por el argumento que consideran más bíblico y más correcto teológicamente con la presentación de los 2 equipos.

La platea da su voto, y el maestro, hará el conteo de los resultados, declarando a todos los alumnos quién es el vencedor.

Leído el resultado de la votación, el maestro tendrá una parte muy importante. ¿Será que el veredicto fue el más bíblico? Si es así, no hay problema.

¿Los participantes de uno u otro equipo estaban más preparados, y consecuentemente más convencidos? ¿Fueron más claros en la defensa de sus ideas? ¿Su base teológica fue más convincente? ¿Fueron más bíblicos?

Aprovechando bien el tiempo, no permitiendo muchas demoras, el maestro podrá llevar toda la clase a animarse con aquel tema, involucrándose bien y participando activamente de todo el proceso.

40 Foro

El Foro es una dinámica muy interesante y que puede ser utilizada para temas controversiales, pero que sean de interés para un grupo específico. El maestro hace la presentación de un tema específico y él mismo presenta diversas preguntas sobre el tema, pero sin responderlas. El objetivo de presentar las preguntas es despertar el interés de los alumnos, al reconocer que hay muchas preguntas difíciles para ser respondidas y que puede haber diferentes opiniones sobre aquel asunto.

Algunas sugerencias de temas que pueden ser utilizados en un _Foro_:
- ⟳ Aborto
- ⟳ Divorcio
- ⟳ Eutanasia
- ⟳ Feminismo
- ⟳ Posición de la mujer en la iglesia
- ⟳ Planificación familiar

El maestro invita a un especialista o una persona que se ha dedicado a estudiar sobre aquel asunto. Escoger bien este especialista es fundamental, pues dará autoridad a lo que está siendo propuesto. Pero es muy importante que el maestro conozca la posición de este "especialista", para que no sea divergente a lo que el maestro enseña y a lo que la iglesia cree.

Cuando el especialista termine su exposición, entonces los propios alumnos formularán sus preguntas sobre el tema. Estas preguntas serán hechas por escrito y se entregarán al maestro quien las hará al especialista. El maestro podrá "filtrar" las preguntas, seleccionar algunas, así como juntar las preguntas que tengan el mismo contenido.

El período de tiempo para la exposición del tema, así como para las preguntas y respuestas debe ser previamente establecido.

Con las preguntas planteadas, ante algunas dudas específicas de los alumnos, el "especialista" podrá también presentar algunas preguntas para los alumnos con el fin de que estos puedan posicionarse frente a lo que fue expuesto y explicado durante aquella clase.

41   Debate abierto

Una forma interesante de presentar temas contradictorios es a través de un debate abierto. El maestro invita algunas personas que tienen posiciones diferentes con relación a un tema específico, y estas personas tendrán la oportunidad de exponer su punto de vista y debatir algunas ideas en cuanto a este tema específico. Lo ideal es que haya un promedio de 4 invitados.

Procedimiento

El maestro hará una pequeña exposición del tema en debate, a continuación llamará a cada uno de los invitados para tomar asiento al frente mientras hace la debida presentación de cada uno de ellos.

Después el maestro determinará un tiempo específico para que uno de los invitados haga la exposición de su punto de vista, sin ser interrumpido o cuestionado por ninguno de los otros participantes. Después se da un tiempo para réplicas o preguntas. Lo mismo se hace con relación a todos los invitados.

Mientras sucede el debate abierto, los alumnos podrán participar activamente de la discusión, haciendo preguntas específicas para uno de los invitados o para cualquiera que el maestro designe. Las preguntas deberán ser dirigidas al maestro, quien las "filtrará" y las encaminará al plenario en discusión.

El debate abierto tiene la ventaja de oír un determinado punto de vista expuesto por una persona convencida de su posición, que la presentará sin ningún tipo de temor o vergüenza. Pero que, al mismo tiempo, tendrá que tener firmeza de su posición y de las otras que serán presentadas, por causa de las preguntas y discusiones que podrán surgir.

Dificultades:

Un punto negativo es que el alumno participará pasivamente a lo que estará siendo presentado. Su única participación será a través de preguntas. Pero al mismo tiempo dará condiciones para que tome una posición más sostenible entre las diversas posiciones que sean presentadas.

Otro punto negativo en este tipo de dinámica es que el alumno puede tomar una posición basado en el carisma y la elocuencia de aquel que está exponiendo sus ideas, y no en la solidez, coherencia bíblica, teología y profundidad de los argumentos que están siendo presentados.

42 Tribunal

Una forma interesante de estudiar un tema controversial es por medio de una exposición discutida a través de un tribunal. Este tipo de técnica será de gran valor si sabemos utilizar bien los elementos de un tribunal: El juez, un abogado defensor, un fiscal y los jurados.

Este tipo de dinámica podrá ser utilizada para juzgar determinados personajes bíblicos. Un abogado hará la defensa del personaje y el fiscal levantará las acusaciones, todo basado en textos bíblicos y con argumentos teológicos.

Ejemplos:
- El pecado de Adán
- La desobediencia de Jonatán
- La negación de Pedro, etc...

Pero este tipo de dinámica también podrá llamar bastante la atención de los alumnos cuando los temas tratados sean relevantes y actuales:

Ejemplos:
- Bebida alcohólica
- Divorcio
- Aborto

En todos estos temas el juez deberá colocar el asunto a ser tratado a todos los alumnos. Si es el estudio de un caso específico, el propio acusado podrá ser representado por uno de los alumnos. Después de expuesto el caso se da la oportunidad para que el abogado haga la defensa del acusado, en 10 minutos máximo. El fiscal, también tiene el derecho a la réplica. Después de este momento se da tiempo igual para que el fiscal haga sus acusaciones y se da el mismo tiempo de réplica para el abogado.

Para que el juicio sea más interesante, tanto el abogado como el fiscal pueden traer algunas personas para que testifiquen con relación a aquel asunto.

Después del tiempo del juicio se da un tiempo para que los jurados conversen sobre el tema. Los jurados pueden ser todos los alumnos (lo que es mejor, pues así lleva a que todos participen) o algunos alumnos. Después de algún tiempo de discusión los alumnos presentan sus votos al juez, de preferencia cada uno con su voto por escrito. Después de esto el juez contará los votos y dará el veredicto con la sentencia de condenación o absolución del acusado.

Cuidado: Para que este tribunal tenga el efecto esperado, es muy importante que tanto el abogado como el fiscal estén muy bien preparados con sus tesis. Las tesis deben ser defendidas usando los argumentos bíblicos y raciocinios teológicos. Por eso ellos deben tener un buen tiempo de preparación para poder exponer sus ideas con mucha claridad y persuasión. Lo ideal es que el resultado del juicio sea basado en argumentos discutidos y no en el poder de persuasión del abogado o del fiscal.

Es muy importante el acompañamiento del maestro en esta preparación, ayudándolos en la selección de los textos bíblicos específicos que darán buen sustento en la exposición de los argumentos de los alumnos. Debe haber, como mínimo, una semana para esta preparación.

Dificultades:

Uno de los problemas en este tipo de dinámica es que la gran mayoría de los alumnos se vuelven oyentes la mayor parte del tiempo. Por eso es muy importante el involucramiento de ellos como jurados.

Otra dificultad es que si uno de aquellos que están al frente del tribunal no sabe argumentar bien, podrá dañar toda la dinámica. Por eso es de fundamental importancia el cómo se escogen aquellos que estarán participando más activamente.

Otro problema serio en este tipo de dinámica es si los alumnos, convencidos por la buena argumentación del abogado o fiscal, dan una sentencia contraria a la enseñanza específica del maestro sobre aquel asunto. Por eso es muy importante la participación final del maestro aclarando dificultades y dando su veredicto particular.

43 Mesa Redonda

Este es el tipo de dinámica ideal para un salón de clase que tenga pocos alumnos (variando de 10 a máximo 15 alumnos). El maestro propone un tema controversial para discusión en una próxima clase y pide a los alumnos que se preparen adecuadamente para esta mesa redonda. Los alumnos deberán investigar sobre el asunto propuesto por el maestro y deben traer el contenido de la investigación y las conclusiones para que sean discutidas en clase.

Los temas útiles para este tipo de dinámica son los mismos ejemplificados en el Foro, en el Tribunal o en el Panel de Debates.

El maestro deberá formar un círculo con las sillas para que los alumnos puedan estar todos uno frente al otro.

El maestro expone nuevamente el tema a ser discutido a los alumnos y en este momento él debe presentar algunos problemas, controversias o cuestionamientos con relación a aquel asunto específico, que justifiquen aquella mesa redonda.

A continuación deja el asunto para ser discutido por los alumnos. Cualquier alumno puede levantar la mano pidiendo su turno para discutir el tema. El maestro va anotando el orden que debe ser seguido para que los alumnos puedan exponer sus opiniones.

El maestro debe estipular el tiempo que cada alumno tendrá para dar su opinión y exponer sus argumentos.

La mesa redonda durará hasta que todos hayan expuesto su opinión y argumentos.

Si el maestro nota que los argumentos presentados no son suficientes para el tema en debate, deberá plantear algunos cuestionamientos para que los alumnos continúen dando sus opiniones y posiciones.

Cuidados:

Un peligro muy grande en este tipo de dinámica es que los alumnos pueden exponer sus ideas basados apenas en lo que ellos creen sobre aquel asunto, sin ninguna base bíblica o teológica. Por eso el maestro debe estar siempre atento a los argumentos de los alumnos, pidiendo que siempre den alguna base bíblica para aquello que están exponiendo.

Otra dificultad es con relación al involucramiento y participación de los alumnos. Siempre habrá dos o tres que dominarán el debate. El maestro deberá controlar la participación de estos para que pueda haber una participación más uniforme. Por otro lado, deberá estimular la participación de aquellos alumnos que se mantienen al margen de la participación y difícilmente dan su opinión.

Finalización:

La participación del maestro al final de la mesa redonda es de fundamental importancia, pues él tendrá que "cerrar" el asunto, considerando todo lo que fue expuesto y discutido por los alumnos. Al terminar la mesa redonda, él dará su posición basándose en lo que fue discutido y en sus consideraciones personales, teniendo como base textos de la Palabra de Dios.

44   Abogado del diablo

Esa técnica exige una preparación muy cuidadosa para que no vaya salir mal. La idea básica es que el maestro asumirá una posición antagónica a una doctrina o una enseñanza bíblica, y algún miembro de la clase tendrá que defender la verdad. El maestro debe escoger un alumno (o alumnos) capaces y preparados para defender la posición bíblica. ¡Al mismo tiempo debe tener cuidado para no "acabar" con el alumno, ni con el texto bíblico! (¡Es mejor que el maestro adopte la posición contraria; pues en caso contrario, el grupo puede hacer barra por algún alumno puesto en esa posición!). A través de un diálogo o inclusive un debate ante el grupo, el maestro expone argumentos y obstáculos contra la posición bíblica.

El valor de esa técnica es que obliga a los alumnos a examinar y defender su fe delante de los mismos argumentos que van a oír fuera del salón de clase, en un ambiente menos amigable. Al final del diálogo, el maestro debe analizar junto con los alumnos, los argumentos dados y la mejor manera de responderlos.

45 ¿Usted que haría?

De manera semejante al "Estudio de Caso", esa idea obliga al alumno a tomar decisiones éticas y morales en situaciones muy concretas del día a día. El maestro arma una serie de situaciones (de manera semejante al "Estudio de Caso") y escoge un alumno que lee una situación a la clase. El maestro pregunta al alumno, "¿Usted que haría?" El alumno debe dar su respuesta, con apoyo bíblico si es posible. Si necesita ayuda, puede escoger otro alumno para socorrerlo. Después, todos deben participar de la discusión.

- *El novio de su mejor amiga le escribe una nota diciéndole que usted le gusta más. ¿Usted que haría?*
- *Usted está pasando por la casa de un líder de la iglesia cuando oye una gritería muy fea y amenazas. ¿Usted que haría?*
- *Sus padres le dicen que no les gusta el nuevo amigo que acabó de conseguir. ¿Usted que haría?*
- *Un grupo de amigos decide salir después de las clases y "embriagarse". ¿Usted que haría?*

46 Conversación circular[18]

Esta idea para discusión estimula la participación de todos. La clase debe hacerse en un círculo. El maestro hace una afirmación, y los alumnos tienen que expresar su opinión inicial en una sentencia o dos, empezando en un punto del círculo y pasando de la derecha a la izquierda. Cada persona tiene que expresar su opinión, y puede estar de acuerdo o no con las perspectivas anteriores. Tan sólo puede hablar cuando llegue su turno, y después de hablar no puede tomar la palabra de nuevo. El maestro necesita mantener el control de la discusión, no permitiendo que un miembro hable demasiado, o que interrumpa la "conversación

[18] Richards, p. 226.

circular". Cuando sea oportuno, debe incluir comentarios o preguntas para enfocar la discusión o aclarar un punto.

Ejemplos de afirmaciones polémicas que pueden generar discusión:

- Las personas que nunca tuvieron la oportunidad de oír el evangelio no van al cielo.
- Dios elige a unas personas para la salvación eterna y a otras para la perdición.
- El bebé que muere va al cielo.

47   Problema/Solución

El maestro que tiene alumnos con cierta madurez puede estructurar su clase alrededor de la creación de problemas que requieren una respuesta bíblica. Los alumnos son divididos en grupos pequeños. Cada grupo recibe un texto que va acompañado de un principio bíblico sobre el tema que está siendo estudiado. ¿La tarea? El grupo necesita estudiar el texto y el principio, e imaginar un dilema en la vida real (un "estudio de caso") que envuelve aquel principio. El grupo debe generar una respuesta junto con los pasos de consejería bíblica que daría para ayudar a una persona en aquella situación. Después de determinado tiempo, todos los grupos deben compartir su situación y la manera de resolverla.

Escribir

48   Proverbio del día

Normalmente toda clase (así como toda predicación, devocional, etc.) tiene una idea central que el maestro quiere transmitir. A veces es difícil plasmar ese punto principal en una idea simple, amplia, fácil de recordar y significativa. Escribir el "proverbio del día" tiene como finalidad entrenar a los alumnos a resumir la idea principal de la clase en un proverbio que ellos mismos van a hacer.

Antes de finalizar la clase, pida que todos intenten elaborar un "proverbio" original que refleje la idea principal de aquella lección. Dé 5 a 10 minutos para esa actividad y después pida que los alumnos formen grupos pequeños para compartir sus ideas. Los mejores proverbios deben ser leídos delante del grupo (¡y guardados por el maestro!). Algunos ejemplos de "proverbios originales" que resumen textos bíblicos:

- ⭕ *El líder que no sirve, no sirve (Juan 13).*
- ⭕ *Cuando soy fuerte, entonces es que soy débil (Proverbios 16:18).*
- ⭕ *Antes que te cases, mira lo que haces (2 Corintios 6:14).*

49 | Parábolas modernas

Un ejercicio desafiante para alumnos más capacitados exige la elaboración de una historia contemporánea que refleje una parábola u otra historia bíblica. Esa técnica obliga al alumno a trabajar con la difícil tarea interpretativa de atravesar el puente entre el significado bíblico y la aplicación práctica. Funciona muy bien con aquellas historias tan bien conocidas que ya no tienen el mismo impacto que antes.

El maestro puede dividir la clase en grupos o pedir un trabajo individual para preparar la historia paralela. Algunos ejemplos de historias que podrían volverse "parábolas modernas":

- ⭕ David y Goliat
- ⭕ El Buen Samaritano
- ⭕ Zaqueo
- ⭕ Job

50   Oraciones

Escribir una oración es otra tarea práctica que obliga al alumno a lidiar con los principios aprendidos en la clase y expresarlos de forma personal ante Dios. Ese ejercicio exige algunos momentos en silencio al final de la clase para que todos anoten sus pedidos particulares a la luz de lo que se aprendió en esa lección. Si alguien desea, puede leer su oración delante del grupo.

51   Acróstico

El acróstico es un buen ejercicio para hacer en grupo o individualmente y puede ser usado con buen provecho al comienzo como captación o al final de la clase como recapitulación. El maestro pide a los alumnos que escriban un acróstico en el que cada letra de una palabra clave (el tema) de la clase es el inicio de una palabra relacionada con aquel tema. Por ejemplo, en una clase sobre matrimonio:

> **P**az
> **A**mistad
> **R**egocijo
> **E**speranza
> **J**usticia
> **A**nillo

52   Poesía

Para grupos más elocuentes, el maestro puede pedir que los alumnos escriban una poesía, con o sin rima, que cuente una historia bíblica, resuma una clase, o trace paralelos con los días actuales. Los mejores poemas pueden ser leídos a la clase.

53 Carta

Escribir una carta puede ser una tarea en el salón de clase que ayude al alumno a usar principios que aprendió en la consejería de un amigo o pariente. Ejemplos de situaciones colocadas por el maestro:

- ● Escriba una carta evangelística para un tío que vive en otra ciudad
- ● Escriba una carta de consuelo a un amigo que perdió su papá
- ● Escriba una carta para un maestro explicando por qué usted no está de acuerdo con la teoría de la evolución
- ● Escriba una carta para un joven recién convertido explicando cómo estudiar la Biblia

54 Crucigrama

El maestro pide a los alumnos que preparen un crucigrama usando palabras claves de la clase. Los alumnos pueden generar las palabras (por ejemplo, de un texto bíblico) o el propio maestro puede suplir la lista. "Gana" el alumno que consiga colocar más palabras en menos espacio.

Variación 1: Si quiere, puede exigir que las palabras horizontales tengan que ver con un tema y las palabras verticales con otro.

Variación 2: Sopa de letras. El principio es el mismo, sólo que esta vez los alumnos "esconden" las palabras claves dentro de un cuadrado (puede escribir palabras en forma vertical, horizontal y diagonal).

55   Diario (personalidad bíblica)

El maestro desafía a los alumnos a que escriban una página en el diario de un personaje bíblico. La tarea exige mucha creatividad para realmente ponerse en los zapatos de la persona, sintiendo lo que sentía, pensando lo que pensaba, etc. Las selecciones pueden ser cortas, pero deben ser imaginativas dentro de los límites impuestos por el texto bíblico.

Algunos ejemplos de "selecciones":

- José después que el ángel le dijo que sería papá del Mesías
- Josué después de la derrota en Hai
- Marta después de la resurrección de su hermano Lázaro
- El soldado romano después de la crucifixión de Jesús

56   Paráfrasis

Este es un ejercicio simple que también ayuda a los alumnos a "interiorizar" el contenido de la lección. La paráfrasis exige que escriban nuevamente el texto bíblico de forma ampliada, aclarando su significado y, si es posible, adaptándolo a los días actuales. El ejercicio trabaja con todos los aspectos de estudio bíblico (observación, interpretación y aplicación) y revela al maestro la medida en la que los alumnos están captando los principios de la clase.

Para ayudar a los alumnos, el maestro puede leer una o más selecciones de la Biblia *Dios habla hoy* u otra paráfrasis antes de la tarea.

57   Periódico antiguo

De forma semejante a la idea "transmisión vía radio", los alumnos van a hacer un noticiero de los tiempos bíblicos. Pueden ser muy creativos y usar el sentido del humor, pero deben transmitir aspectos de la cultura, reacciones de testigos oculares de eventos bíblicos, etc. ¡El periódico puede ser reproducido y distribuirse para que otras personas se diviertan… y aprendan!

58   Cánticos originales

El maestro sabio usa la música para impactar no sólo el intelecto, sino la emoción y la voluntad de los alumnos. Como técnica didáctica se adapta a cualquier grupo y en cualquier edad.

Colosenses 3:16 no sólo defiende sino que ÉXIGE la utilización de la música en la enseñanza. Una traducción literal del texto dice, *"La Palabra de Cristo habite (continuamente) ricamente en vosotros, en toda la sabiduría enseñando y aconsejando unos a los otros* **con salmos e himnos y cánticos espirituales… cantando con gracia en vuestros corazones al Señor"** (cf. Efesios 5:19). ¡En otras palabras, una de las maneras por las cuales enseñamos y aconsejamos unos a otros es por la música!

Existen muchas maneras con las cuales el maestro puede usar la música en sus clases:

- ⬭ Tocar una canción (popular o evangélica) que expresa el tema o punto principal de la clase
- ⬭ Iniciar o terminar la clase con una canción que resuma el contenido de la lección
- ⬭ Estimular a los propios alumnos a escribir canciones originales sobre determinado tema
- ⬭ Remplazar la letra de una canción bien conocida y popular por una letra más adecuada para el tema de su clase (pero tenga cuidado con la utilización de la nueva letra y los derechos reservados del compositor de la música; no debe divulgar su nueva letra sin la debida autorización)

59   Canciones modificadas

En vez de componer canciones originales, los alumnos simplemente alteran la letra de una canción popular o conocida. La nueva letra debe reflejar el contenido de la lección o de la serie. (¡Tenga cuidado con la utilización de esas "nuevas" canciones para no infringir los derechos de autor de la canción original!)

Investigar

60   Exposición por los alumnos

El maestro no puede olvidar que un excelente recurso que tiene en las manos son sus propios alumnos. Él puede utilizarlos para que su clase se vuelva más dinámica y el maestro no sea el único, siempre, que presenta todo el contenido de su materia.

Al principio parece que este recurso simplemente dará un poco de descanso al maestro pues los alumnos tendrán que dar la clase en su lugar. Pero si el maestro quiere utilizar a los alumnos como un recurso, necesita involucrarlos en la preparación de aquello que será presentado. Necesita dar los temas con bastante anticipación para que los alumnos puedan prepararse adecuadamente. Además de eso, tiene que orientarlos con relación a la preparación, contenido, dinámica y didáctica de la clase. Si hace así, el maestro no tendrá muchas sorpresas (pero con seguridad ellas vendrán, agradables o no), y las clases continuarán con el mismo ritmo, aun teniendo alumnos haciendo la exposición. Lo ideal es que los alumnos den una parte de la clase y no toda la clase. El maestro hace la exposición de algunos puntos y un punto específico es dado a un alumno para que haga su exposición. En una clase de una hora dé un tiempo máximo de 10 a 15 minutos para que el alumno haga su parte. (Preferiblemente debe haber solamente un alumno por clase, para que no haya comparaciones). Si el alumno está bien preparado, con un buen contenido y una buena didáctica, con seguridad esto hará más dinámica la clase, y los alumnos saldrán enriquecidos con su estudio personal.

61 Simposio

El Simposio es una de las más antiguas técnicas dentro de la dinámica de grupo. No es tan emocionante como las otras técnicas que ya vimos, pero constituye una excelente oportunidad de participación para todos y ayuda al alumno en su formación, capacitándolo en el desarrollo de la exposición de ideas.

Procedimiento del Simposio

Con un tema para ser expuesto, el maestro debe dividir el mismo en varias partes, entregando cada parte a un grupo, para que éste investigue su parte del tema para una futura presentación en clase.

Después de la preparación del asunto, cada grupo escogerá a una persona que dispondrá de solamente 10 minutos para presentar el tema en la clase. Mientras el expositor va hablando, otro podrá ir escribiendo en el tablero, colocando gráficos o carteleras en el salón, visualizando la exposición del compañero. Al terminar la exposición, puede haber algunos minutos para aclaración sobre lo que fue expuesto.

A continuación, otro expositor se presentará, siguiendo los mismos criterios.

Se debe evitar que el simposio pase de una hora, de esta manera en una clase de 1 hora, 4 o máximo 5 alumnos harán su presentación. Si el tema que va a ser expuesto exige más de 5 partes, entonces el simposio será dado en dos clases.

Para que la exposición sea dada en apenas 10 minutos, el maestro tendrá que ayudar al grupo para que resuma muy bien el asunto, exponiendo tan sólo lo necesario para el objetivo propuesto de la clase. Se ve que está técnica no es para profundizar en determinados temas, sino para exponerlos de una manera más sucinta y objetiva.

Ejemplos para una buena utilización del simposio

Esta es una buena técnica que puede ser utilizada cuando el maestro está exponiendo, de una forma resumida, el tema de los diversos libros bíblicos.

Con la exposición resumida, por ejemplo, de todo el libro de 1 Corintios en una o dos clases, el maestro podrá seleccionar los temas más relevantes del libro y distribuirlos entre los alumnos para que cada grupo haga la exposición en pocos minutos. Con eso, la clase se vuelve más dinámica, con varios alumnos exponiendo los diversos temas del libro en pocos minutos de clase.

62   Estudio bíblico inductivo

Este es un ejercicio que realmente da fruto, pues involucra a los alumnos directamente con el texto bíblico y al mismo tiempo les enseña cómo estudiar la Biblia por sí mismos. El maestro primero tiene que explicar los tres pasos esenciales en un estudio bíblico inductivo (por inductivo entendemos "de primera mano", descubriendo elementos directamente del texto): Observación, Interpretación, Aplicación.[19] Los alumnos deben alistar un gráfico en una hoja de papel, dividida en tres partes de acuerdo a estos pasos:

Observación	Interpretación	Aplicación

---

[19] Una excelente herramienta sobre el estudio bíblico inductivo es *Living By The Book* por Howard Hendricks (USA, 1991).

El maestro divide la clase en pequeños grupos de estudio, y da un versículo o un párrafo a cada uno. Pide que analicen el texto, haciendo primero tantas observaciones del texto como sea posible, después presentando e intentando responder algunas preguntas interpretativas, y finalmente buscando aplicaciones prácticas del texto.

Después de un determinado tiempo (intente dar tiempo suficiente para hacer un buen trabajo) los grupos pueden compartir lo que descubrieron con la clase.

63 Con los ojos y con la boca

Cara o sello es una técnica muy interesante en la que las observaciones e implicaciones de un texto bíblico son compartidas entre los alumnos.

Esta técnica empieza cuando el maestro indica un texto bíblico para que sea estudiado en lectura silenciosa por todos los participantes. Después de un tiempo dado para esta lectura, el maestro responde las posibles dudas de los participantes con relación al texto bíblico leído y estudiado.

Después de esto, el maestro divide toda la clase en 4 grupos iguales y da un número a cada participante del grupo de la siguiente manera:

Grupo I –   números 1, 3, 5, 7, 9, 11, 13, etc...
Grupo II –   números 2, 4, 6, 8, 10, 12, etc...
Grupo III - números 1, 3, 5, 7, 9, 11, 13, etc...
Grupo IV -   números 2, 4, 6, 8, 10, 12, etc...

La tarea de los alumnos ahora es explicar el texto leído, con todas las observaciones e implicaciones del texto de la siguiente manera: Los alumnos del Grupo I explican a los alumnos del Grupo II, mientras que los del Grupo III explican a los del Grupo IV. Esto se hace de la siguiente manera. El alumno 1 del grupo I da las explicaciones al alumno 2 del grupo II, el alumno 3 del grupo 1 da su explicación al alumno 4 del grupo 2 y así sucesivamente.

Pasado un tiempo previsto para las explicaciones, se hace lo invertido. Ahora es el turno de los alumnos de números pares para explicar a los alumnos de números impares.

Después de las explicaciones se forman nuevos equipos, para que en esos nuevos grupos los alumnos puedan hacer juntos aplicaciones prácticas del texto leído y ya estudiado a través de las observaciones e implicaciones.

Cuarteto 1 – Números 1 (de los grupos I y III) y los números 2 (de los grupos II y IV)

Cuarteto 2 – Números 3 (de los grupos I y III) y los números 4 (de los grupos II y IV)

Cuarteto 3 – Números 5 (de los grupos I y III) y los números 6 (de los grupos II y IV)

Y así sucesivamente...

Es una dinámica interesante pues involucra la lectura y el proceso de observar el texto, sacar implicaciones del texto y aplicarlo a la vida del alumno. Y es una técnica bastante dinámica, pues es realizada en varias etapas, involucrando actividades distintas con grupos diferentes.

64 Búsqueda del tesoro en la biblioteca

Para involucrar a los alumnos en la investigación y enseñarles cómo usar las múltiples herramientas en una biblioteca, el maestro puede designar una clase para "búsqueda del tesoro" en la biblioteca. Puede designar uno o más asuntos para que sean investigados, y dar pistas a los alumnos sobre cómo encontrar información en los archivos de la biblioteca.

Para hacer la experiencia más interesante, el maestro puede esconder premios simples o pedazos de papel de color en lugares estratégicos o inclusive dentro de libros donde los alumnos encontrarán las respuestas a las preguntas de la investigación. Puede haber un concurso entre equipos para ver quién consigue encontrar más de esos "premios" en el tiempo estipulado.

65 Reseñas

A pesar de que es un método antiguo, la preparación de reseñas por los alumnos facilita que ellos se involucren en el aprendizaje de forma directa. El maestro pide una lista (sea de un artículo, sea de un capítulo o libro) a algunos o todos sus alumnos, con el propósito de recibir de ellos un resumen verbal o por escrito. Esa reseña debe incluir los puntos altos y bajos del texto, junto con las recomendaciones e interacciones del alumno. Para facilitar, el maestro puede preparar algunas preguntas básicas direccionando la lectura y el informe del alumno.

66 Investigación de campo

La investigación de campo estimula a los alumnos a volverse investigadores, pues exige que ellos coleccionen datos directamente de la "fuente". La investigación se hace normalmente por medio de un cuestionario cuidadosamente elaborado (otro excelente ejercicio para los alumnos) y administrado por los alumnos "en el mundo real". Después de reunidos los resultados, deben ser analizados e interpretados. (La ciencia de la estadística es muy exacta y complicada, y el proceso de elaborar un instrumento de investigación válido puede llevar mucho tiempo. Pero ese ejercicio puede introducir a los alumnos a algunos pasos básicos de investigación, y forzarlos a lidiar con personas y opiniones en la vida real, fuera del mundo académico.

Ejemplos de investigaciones que pueden realizarse:
- Actitudes en la comunidad sobre los "evangélicos"
- Opiniones en la iglesia sobre la "acción social"
- Respuestas de las personas al problema del mal
- Nivel de conocimiento bíblico de la población en general

67   Proyectos creativos

En cierta ocasión, una alumna de nuestra materia de Proverbios entregó un proyecto creativo en dibujo animado que decía: "El maestro sabio despierta la creatividad de sus alumnos." Una cosa es ser un maestro creativo. Y otra es transmitir ese dinamismo a los alumnos "fieles, que también sean capaces de enseñar a otros" (2 Timoteo 2:2). El proyecto creativo puede ser parte facultativa o inclusive obligatoria en algunos semestres. Los alumnos son desafiados a transformar el contenido de alguna parte de la materia en una presentación dinámica y creativa. El maestro no debe imponer muchos límites, para realmente estimular la creatividad de los alumnos. Puede sugerir grandes categorías de proyectos (canción, arte, drama, audiovisuales, etc.) usando este libro como guía. Si quiere puede establecer el tiempo mínimo que debe ser utilizado en el proyecto. El día designado, los alumnos presentarán sus respectivos proyectos ante el grupo en una clase especial.

Observación: ¡El maestro sabio también es astuto – convence a sus alumnos para donarle los proyectos al terminar, así enriquece aún más la clase la próxima vez que sea dada!

AUDIOVISUALES

Incluimos aquí una categoría de ideas separadas que podrían servir de apoyo a las otras ideas presentadas en este libro, o ser utilizadas individualmente. Por audiovisuales entendemos instrumentos de enseñanza que aprovechan especialmente el sentido de la visión, pero que, a veces, también incluyen el sentido de la audición. Algunos exigen bastante experiencia y conocimiento técnico, pero la mayoría están dentro del alcance de todos.

El maestro serio debe pensar en la posibilidad de adquirir un "arsenal" didáctico. Puede empezar con aquellos que son menos caros, o que podría hacer en la casa (rotafolio, franelógrafo, tablero para evangelismo por medio de la pintura) y después adquirir los que son más caros o sofisticados. Las herramientas e ideas siguientes constituyen un excelente punto de partida.

68 Franelógrafo

El franelógrafo es una de las técnicas visuales más usadas, especialmente con niños. Por ser simple, objetivo, "barato" y fácil de usar, todo maestro puede adquirir la habilidad de usarlo en su arsenal didáctico.

El franelógrafo más simple puede ser hecho de un cartón o de otro material resistente sobre el cual se pega un pedazo de franela. Figuras y objetos que representan personajes y acontecimientos bíblicos son sacados de recortes de revistas dominicales, material comercial o hecho en casa. Cada figura necesita un pedazo (o más) de fieltro en el revés para poder ser adherido en el franelógrafo.

La historia es preparada con todas las figuras frente al maestro en el orden de su presentación en la historia (de esta manera funcionan como bosquejo y recuerdo para el maestro). Al contar la historia, el maestro fija las figuras en el franelógrafo (¡recordando que nunca debe hablar mirando hacia el franelógrafo sino hacia los alumnos!).

Si quiere, al final de la historia puede pedir a uno o más alumnos que repitan la historia usando el franelógrafo.

Con el pasar del tiempo, el maestro puede adquirir un archivo de figuras, escenas y objetos que facilitarán la ilustración de casi cualquier historia bíblica.

69 Retroproyector

El retroproyector es un excelente recurso visual, pues nos permite visualizar de una forma muy amplia el material a ser expuesto, independientemente del tamaño del salón o del público. En la transparencia se puede tener el bosquejo de la clase, los puntos más importantes a ser destacados, una frase que al maestro le gustaría enfatizar, versículos bíblicos, textos bíblicos, viñetas y dibujos.

Se puede sacar fotocopia en un acetato (blanco y negro o a color) a partir de fotografías, dibujos bíblicos, mapas, viñetas que podrán enriquecer muchísimo el visual de su clase.

Con la utilización de un scanner, se pueden pasar fotografías e imágenes a un acetato y ser utilizadas en su retroproyector.

Consideraciones Importantes:

Si usa el computador del maestro deberá usar fuentes más grandes (por lo menos de 18 puntos) para que haya una buena visualización por parte de los alumnos. Inclusive si es escrito a mano, use letras grandes.

Antes de utilizar el retroproyector, debe verificar la iluminación del salón, pues si es muy claro y no hay cortinas, el retroproyector perderá su utilidad.

Se tiene que observar si hay paredes en condiciones de proyección o si hay un telón adecuado para su utilización.

Cualquier observación en el material que será proyectado debe ser hecha en el propio retroproyector y nunca en la proyección.

Si toda la clase esta lista, y se basa en la utilización de las transparencias, y se corta la energía...

Piense en la posibilidad de otros usos del retroproyector, sin transparencias. Por ejemplo, para hacer siluetas usando objetos relacionados a la discusión (por ejemplo, al hablar sobre una "llave", colocar una llave en el retroproyector).

Este recurso visual puede ser utilizado para otras edades, desde niños hasta adultos. Las historias infantiles en transparencias tendrán un gran efecto pues podrán ser proyectadas en una gran pared entera, y la dramatización de la historia tendrá un impacto muy grande.

Costo Aproximado:

Un buen retroproyector cuesta aproximadamente unos U$ 170 y actualmente en la mayoría de las iglesias hay por lo menos uno. Desdichadamente es subutilizado, pues la mayoría de las veces sólo se usa en la alabanza. Podría ser mejor aprovechado en los salones de clase.

El precio medio de un acetato para computador es de aproximadamente U$ 0,25.

70 Rotafolio

El Rotafolio es una estructura de madera (de tres patas) donde se pueden disponer hojas de diferentes tamaños y formatos. En estas hojas se puede dibujar o escribir todo el material visual que el maestro desea mostrar en la clase.

En el rotafolio, el maestro podrá tener toda su clase ya visualizada, sin la necesidad de escribirla durante la clase. Pero también podrá utilizar las hojas en blanco, escribiendo todo su contenido durante la propia clase.

Para que haya una buena visualización es necesario escribir con letras muy grandes y de preferencia a color, para que este recurso logre el objetivo de llamar la atención de los alumnos. Si el maestro tiene una buena letra, con un simple plumón de punta gruesa podrá escribir los puntos que desea de la clase.

Pero si la letra del maestro no ayuda, el computador podrá facilitar muchísimo el trabajo de escribir en las hojas del rotafolio. Utilizando el WordArt, por ejemplo, el maestro tendrá letras de tamaños diferentes, formatos y colores que podrán ser impresos en una hoja de tamaño normal y después pegadas en la hoja del rotafolio. No lleva mucho tiempo, y produce un resultado de excelente visualización.

Ventajas:

La gran ventaja del rotafolio es que puede ser un recurso con un buen alcance visual y que puede ser utilizado en diferentes ambientes. Puede ser usado en un salón de clase normal, complementando lo que puede estar escrito en la pizarra, así como también en un salón que no tenga pizarra (por ejemplo, cuando el salón de clase es un templo, un salón social o incluso la cocina de la iglesia). Para ambientes externos es uno de los mejores recursos visuales.

El maestro podrá exponer su clase con una buena y bonita visualización, independiente de la luminosidad del ambiente y de la energía eléctrica.

Otra ventaja es la posibilidad de tener toda la clase ya lista, siguiendo los puntos ya escritos en el rotafolio, siendo de esta manera, más directo y objetivo en aquello que está siendo enseñado.

Dificultad:

Su desventaja más grande es el transporte. Por ser un recurso grande y pesado su utilización es limitada si usted no tiene condiciones adecuadas de transportarlo.

Costo Aproximado:

Cualquier carpintero puede construir un rotafolio, pero también se venden en grandes papelerías. El precio de un buen rotafolio, con una buena estructura y 50 hojas es de aproximadamente U$ 35.

71 Mapas

Todo maestro que regularmente enseña la Palabra de Dios, y enseña los hechos y las historias bíblicas, tanto del Antiguo Testamento como del Nuevo Testamento, nota rápidamente que la narración está llena de geografía. Nombres de países, regiones, ciudades, villas, ríos y montañas se encuentran en la mayoría de los libros bíblicos.

Una buena parte de los escritores bíblicos se preocupó en dar nociones correctas de geografía para los hechos y relatos que estaban siendo registrados, para que el lector pudiera tener una idea más exacta y completa de los acontecimientos narrados. Pero desgraciadamente, la gran mayoría de las veces, el maestro menciona los lugares, cita los contextos geográficos en los que los acontecimientos bíblicos están insertados, pero no da una visualización geográfica de aquello que está siendo enseñado. Al dar su clase menciona lugares diferentes, es fiel a la narrativa bíblica, pero es incapaz de mostrar un solo mapa que hace más vivo y más rico aquello que está siendo enseñado. Y el alumno queda perdido en el contexto histórico – geográfico.

En determinadas clases, es imprescindible que el maestro visualice mapas, para que el alumno tenga una noción real y más viva de aquello que el autor bíblico quiso enseñar con su narrativa.

Ejemplos de la importancia de los mapas para la enseñanza bíblica:

- Textos como el de Juan 4 (Juan 4.4) adquieren un significado más grande y mucho más profundo si conocemos la geografía de Palestina en la época de Jesús.

- Si tenemos una visualización de la geografía de Israel en el Antiguo Testamento entenderemos de una manera más adecuada la razón del "estrés" por el cual Elías pasó en la narrativa de 2 Reyes 18 y 19.
- La localización de la ciudad de Tarsis, a donde Jonás quiso huir, tiene un significado especial e inclusive irónico, cuando lo visualizamos en un mapa del mundo antiguo con relación a Nínive.

Hoy, no hay excusas para que no se utilice un mapa. En la gran mayoría de las Biblias, al inicio o al final, se tiene como mínimo los mapas básicos de la historia bíblica. Mínimo, el maestro podrá utilizar estos mapas en su clase.

Un buen número de editoriales evangélicas han publicado una serie de mapas bíblicos a un precio accesible, que pueden ser obtenidos por el maestro o por la iglesia. Los libros de geografía bíblica poseen buenos mapas, bien hechos, bonitos, con buenos colores que pueden dar una buena visualización geográfica. Dependiendo de las condiciones de los derechos reservados, algunos pueden inclusive ser escaneados y colocados en acetato.

Como alistar sus mapas para las clases:

En general, los mapas están disponibles en hojas sueltas que hacen difícil una buena exposición en clase. ¿Cómo mostrarlos a sus alumnos? Para que pueda haber una visualización adecuada, lo ideal es que el maestro enmarque los mapas, o los pegue en triplex, o fije madera a su alrededor para que facilite su presentación. Un trípode auxiliará la exhibición de este mapa durante la clase. Lo ideal es que esto sea hecho por el departamento de educación de la iglesia y que haya mapas disponibles para uso común entre los maestros.

72   Filminas

Si el maestro o la iglesia tiene un proyector de filminas, este también podrá ser un excelente recurso visual a ser utilizado. Nos permite visualizar el material que será presentado de una forma bien amplia, de una forma atractiva e interesante. Un maestro que hace una buena utilización de las filminas es aquel que está involucrado con el departamento infantil, porque para esta edad existe un buen número de historias bíblicas ya preparadas en filminas. Muchas de estas historias vienen acompañadas de un CD o DVD con la narración de las historias, siendo de esta manera un excelente recurso audiovisual. Si no existe el audio, el maestro podrá leer la historia en la medida que las filminas van siendo pasadas.

Antes de utilizar este recurso, el maestro tiene que ensayar, para cerciorarse si tiene un buen manejo del aparato y si está todo en orden (porque una mala colocación de las filminas puede dañar toda la presentación).

Para la presentación de un viaje o de algún documental es un buen recurso visual. Se pueden tomar fotografías en una película específica para filminas, hacer la debida revelación y enmarcarlas para tener un buen material visual. El costo de las filminas no es alto.

Como sucede con el retroproyector, se debe verificar la luminosidad del salón, pues si es muy claro y no hay cortinas, será muy difícil la presentación de las filminas.

El gran inconveniente de las filminas es que no es un recurso muy utilizado en nuestros días y son pocas las personas que poseen un buen proyector de filminas.

73   Vídeos

Un excelente recurso que puede ser utilizado, dependiendo de la materia o tema que está siendo presentado a los alumnos, es la utilización de vídeos.

Actualmente existe un buen número de vídeos a la venta en librerías evangélicas a un precio razonable de dibujos bíblicos, documentales, películas evangélicas, películas de historias que pueden ser utilizadas por el maestro para ilustrar y enriquecer visualmente, dando una forma bien dinámica a su clase.

Este recurso nunca puede ser visto como "el recurso para salir del paso", del maestro que piensa, "Si no consiguió preparar nada yo llevo una película de vídeo y mi clase está lista." No podemos pensar de esta manera, porque el vídeo tiene que ser un recurso para ser utilizado en la clase y no ser la clase.

Observaciones importantes con respecto a la utilización del vídeo:

No es tan fácil utilizar un vídeo en clase. Para usar este recurso tiene que haber una buena preparación previa:

- Con seguridad, el maestro tendrá que ver toda la película antes de presentarla a los alumnos, para que no haya ningún tipo de sorpresa.
- Es necesario verificar si hay televisor o proyector y reproductor donde será presentado. Si no, el maestro tendrá que conseguir el reproductor y el proyector o televisor (que dependiendo del tamaño del salón tendrá que tener un tamaño adecuado para que haya una buena visualización).
- El proyector o televisor tiene que ser colocado en un lugar alto.
- ¿La luminosidad es adecuada? ¿Todos los cables están conectados correctamente?

Todo eso tiene que ser observado con anticipación, para que no haya contratiempos en la presentación del vídeo. ¿¡No es tan simple!?

Como utilizar el vídeo:

Al colocar un dibujo animado bíblico para niños el maestro deberá interactuar con los niños durante la presentación del vídeo o después de su presentación. El maestro podrá ir parando el vídeo y haciendo preguntas a los niños para ver si están acompañando o no. También podrá parar el vídeo si en el dibujo hay alguna diferencia con lo que la Biblia cuenta en aquella historia. Si los alumnos ya conocen la historia, ¿qué tal pedir para que ellos verifiquen si hay algún error con relación a la narrativa bíblica? (En algunos vídeos se necesita hacer algunas observaciones, porque hay algunas diferencias que tienen que ser observadas).

En una película o documental presentado para jóvenes o adultos se necesita investir un tiempo después (o en la clase siguiente) para discusiones u observaciones a partir de la película con relación al asunto que está siendo estudiado. La película tiene que tener correlación con el tema. No es un recurso suelto que sólo busca hacer más dinámica la clase.

Si se hace una buena utilización de este recurso, alistándose bien para su presentación, el vídeo ciertamente hará su clase mucho más dinámica y creativa. Pero no haga de este recurso una constante en sus clases hasta agotar lo que tiene en el mercado. ¡No! Recuerde: Cambiar el método es fundamental para el éxito de su enseñanza.

74

Proyector

Material necesario: Proyector o TV; computador; programa "Power Point".

Procedimiento: La utilización del equipo de proyección es una técnica del futuro que ya está siendo utilizada con gran provecho en muchas iglesias y escuelas. A pesar de que las herramientas aún están fuera del alcance de muchos, el precio del proyector, computador y programas está bajando cada año. Es posible hacer conexión entre un televisor y algunos computadores, haciendo innecesaria la compra de un proyector (pero el televisor funcionará solamente para grupos pequeños).

Con el proyector el maestro puede visualizar el bosquejo de su clase, ilustraciones, citaciones, dibujos, avisos, tareas y mucho más. Después de adquirir el equipo necesario, hay mucha economía, pues no necesita comprar más acetatos, bolígrafos, cartucho para la impresora, papel, etc. Tiene la ventaja de poder ser archivado en poco espacio para clases en el futuro, y modificado con mucha facilidad.

Otras ventajas del proyector:[20]

● Capta la atención del auditorio
● Los alumnos pueden tomar nota fácilmente
● Gana tiempo al poder hacer lecturas paralelas
● Da un aire de informalidad, cuando deja a los alumnos interactuar
● Atiende la necesidad de una sociedad visual
● Crea un impacto positivo en los visitantes
● Muestra un cuidado por excelencia

Peligros y Cuidados:

1. Al inicio hay una tendencia a excederse en los dibujos e imágenes complejas
2. Hay más necesidad de cuidar la ortografía y gramática
3. Exige más tiempo de preparación, especialmente al comienzo
4. Dificulta la "improvisación" en el salón de clase
5. A veces lo que queda bien en el monitor del computador no sale tan bien en la proyección
5. Exige una sensibilidad estética para coordinar tamaño de fuente, color, dibujos, etc.
6. Depende de factores a veces fuera del control del maestro (por ejemplo, ¡energía eléctrica!, bombillos, *memory-stick*, error humano, etc.)

75 Tablero

Este es uno de los recursos visuales más utilizados, básicamente porque es un recurso bastante accesible. La gran mayoría de salones de clase tienen una pizarra. En ella pueden ser hechos dibujos, ilustraciones, gráficos, diagramas, bosquejos, etc. No tiene que ser artista. ¡Las figuras simples a veces comunican mucho más que grandes retratos!

---

[20] Estas anotaciones son adaptadas del material no publicado en portugués "O Uso do "Data Show" por Pr. Abmael Araújo Dias Filho, Seminario Bíblico Palabra de Vida, 2001.

Para que el maestro haga buen uso de este recurso visual es necesario que tome algunas precauciones:

- No le de la espalda a sus alumnos mientras esté escribiendo. Esto podría distraerlos.
- No escriba toda su clase en el tablero, sino sus alumnos ya sabrán todo lo que será dicho antes que la clase empiece.
- Preferiblemente use tiza de colores diferentes para hacer su recurso visual más atractivo.

Dificultades:

El maestro podrá perder algo de tiempo escribiendo en ese momento, algo que ya podría traer escrito.

Si el maestro no tiene una buena caligrafía, con seguridad su visual no será de los más atractivos. Intente escribir de la mejor manera posible, pero si aun así su letra no ayuda en la visualización, ¿qué tal pedir ayuda a un alumno para escribir?

Observación:
Pizarra Blanca

Actualmente, algunas escuelas e iglesias han optado por la pizarra blanca en sus salones de clase. Parece que no hace tanta mugre como la pizarra convencional. Si este es el caso del salón donde usted dicta clase, averigüe con anticipación si hay plumón específico para ese tipo de pizarra (no puede ser un plumón convencional, porque lo daña) y si el plumón está en condiciones de ser utilizado. Muchos maestros son sorprendidos con plumones gastados y no logran hacer su visualización de forma adecuada.

76 Carteleras

Un recurso fácil de ser hecho y que permite una buena visualización es la utilización de carteleras que van siendo fijadas en la pizarra a medida que la clase está siendo dictada. Estas carteleras simplemente podrán ser de hojas normales o de cartulina (blanco o a color). Las carteleras podrán tener imágenes, dibujos, recortes y los puntos más importantes de aquello que está dando en clase.

En la medida que el maestro vaya dando su clase, coloca con cinta de enmascarar o transparente las hojas o carteleras (hojas más gruesas y a color) donde se muestra el contenido resumido de la clase.

Esto es muy fácil de hacer porque, utilizando las fuentes del computador se puede obtener, en poco tiempo, todo el bosquejo de la clase que será transmitido. Tiene letras de diferentes tamaños y formas, colores diferentes e incluso el papel puede ser pintado de un color por el propio computador. También existen diferentes dibujos geométricos que podrán formar diferentes tipos de carteleras (circulares, rectangulares, cuadrados, etc...).

Ejemplos:

Se pueden crear dibujos, o utilizar los *cliparts* del computador. Fotografías e imágenes pueden ser recortadas de periódicos o revistas. De esta manera, hacer carteleras es muy fácil y provocan un impacto visual muy bueno, porque pueden ser presentadas en etapas y pueden dar una visualización muy amplia de todo el contenido de la clase en un único espacio físico.

Observación:

El maestro que utilice este recurso no puede dejar de llevar una cinta adhesiva o de enmascarar, porque sin estos materiales no estará en condiciones de presentar las carteleras y este recurso pierde el sentido. La mayoría de las veces este tipo de material no está tan disponible como podríamos imaginar.

77 Mini-Cuadernillo

Una forma de que usted presente visualmente su clase es escribir todo el bosquejo en una hoja de papel y entregarla a sus alumnos. En esta hoja los alumnos acompañarán la clase, leyendo o escribiendo en los espacios en blanco dejados por el maestro para que el alumno llene.

Pero para ser una presentación interesante el maestro deberá esmerarse en esta hoja que se le entrega a los alumnos. En ella el maestro podrá colocar dibujos, imágenes, fotografías. Puede ser una hoja a color, con letras a color de diferentes tamaños, con círculos, cuadros para llenar, etc. La creatividad del maestro podrá hacer esta hoja muy interesante.

El computador ayuda mucho en la confección de esta hoja. Los *cliparts* podrán ser un auxilio para la visualización así como fotografías, imágenes y dibujos. Letras a color de diferentes tamaños son fáciles de hacer. Hay varios dibujos geométricos a disposición. Así, en poco tiempo se puede elaborar un bosquejo de una clase que tenga una visualización agradable y que despierte el interés por parte de los alumnos.

Al recibir una hoja bien hecha, con todo el contenido o bosquejo de la clase, el alumno se sentirá valorado y con mucha más disposición para participar e involucrase con la clase.

78 Tablero para evangelismo con pintura

Material necesario: tablero con trípode; vinilos; pinceles; papel.

El tablero para evangelismo ha sido usado para presentaciones del evangelio al aire libre, pero también es un excelente recurso para clases ocasionales. La idea básica es que el maestro pinte su clase, usando algunas imágenes y palabras claves dibujadas por la mitad en la hoja antes de empezar la clase. Eso despierta el interés de la clase, que quiere saber cómo termina lo que está escrito o dibujado. En el transcurso de la lección, el maestro-artista completa las letras y dibujos y transmite el mensaje.[21]

79 Lecciones Objetivas

Material necesario: Objetos que ilustran el punto o los puntos principales de la clase, o que constituyen la lección en sí.

Procedimiento: El buen maestro consigue presentar lo abstracto como algo visible. El uso de metáforas verbales muchas veces alcanza ese objetivo. Pero, la visualización a través de objetos estratégicos puede hacer una clase aún más memorable. Los profetas de Israel y el Señor Jesús llenaron su enseñanza con lecciones objetivas.

El maestro debe considerar todos los aspectos de su clase para decidir si uno o más objetos podrían servir como ilustraciones gráficas de los puntos principales. Muchos textos bíblicos sugieren analogías que fácilmente pueden ser ilustradas con una lección objetiva.

Una matera, un grano de mostaza, uvas, una rama seca—todos pueden transmitir gráficamente un mensaje que, en caso contrario, caería en el olvido.

80 Exhibiciones

El maestro debe coleccionar los dibujos, proyectos manuales, proyectos creativos y otras "obras de arte" desarrolladas por los alumnos durante el semestre. En un determinado día especial, hace una exhibición de todos los trabajos, con el nombre del "artista" y el título de la obra. La exhibición en sí sirve como

---

[21] Para más información sobre el uso del tablero de dibujo, especialmente en el contexto del evangelismo, entre en contacto con el ministerio *Campanhas ao Ar Livre*, C.P. 90193 Petropolis, RJ 25621-970 - Brasil.

recapitulación de la materia, y también anima a los alumnos cuyo trabajo se destaca. Puede invitar padres, amigos, etc., y concluir con un refrigerio.

81 Grabaciones

Material necesario: Pasacintas o CD

A pesar de ser simple, la utilización estratégica de grabaciones bien hechas puede enriquecer mucho su clase. Algunos ejemplos de grabaciones que van a dinamizar la lección:

- Una lectura bíblica profesional con fondo musical
- Un testimonio breve de un invitado especial
- Un reportaje de las noticias
- Una canción especial dirigida hacia el tema de la clase
- Una investigación informal hecha "en la calle" y las respuestas

REVISIÓN Y RECAPITULACIÓN

Si "la repetición es la madre del aprendizaje", entonces la revisión debe ser su tía. Toda buena enseñanza incluye frecuente recapitulación de aquello que ya fue descubierto. Desdichadamente, mucha revisión no pasa de mera repetición de listas, hechos, tópicos, etc.

Las ideas de ese capítulo ayudarán al alumno no solamente a repetir sino a interactuar con la información adquirida. Algunas son muy desafiantes, y exigirán mucha reflexión. Otras son más divertidas. Todas son necesarias como material de apoyo para el maestro creativo.

Observación: Casi todas las ideas enlistadas en la parte "Escribir" en páginas anteriores también sirven como tareas de recapitulación y revisión.

82 Sillas Secretas

Material necesario: etiquetas pequeñas y/u hojas de papel marcadas com una "X" o con una pregunta sobre la materia; premios.

Esa es una de las ideas más simples pero que da una respuesta grande en términos de suspenso, involucramiento de los alumnos y ánimo del grupo. El maestro necesita llegar antes que todos los alumnos, y fijar debajo o detrás de algunas sillas (tal vez 10% de las sillas) la etiqueta u hoja de papel. En un determinado momento de la clase, debe anunciar que existen algunas "sillas secretas" distribuidas en el salón. Los alumnos deben verificar quién está sentado en esas sillas. Estos alumnos deben responder la pregunta escrita en la hoja o hecha por el maestro. Obviamente no se debe repetir ese ejercicio cada semana, pero es un excelente recurso para crear gran expectativa en los alumnos durante buena parte del semestre.

83 Autódromo

El autódromo es una simulación de una carrera de carros que procura la recapitulación del contenido enseñado al término de una serie de clases sobre un mismo asunto. No es adecuado para recapitular sólo una clase porque el contenido es muy pequeño y hay necesidad de un contenido más amplio para la debida elaboración de las preguntas.

Es una recapitulación interesante pues es hecha en grupo y a ritmo de competencia.

El maestro deberá preparar un conjunto de preguntas objetivas de tipo falso/verdadero, alternativa múltiple o para que el alumno escriba la respuesta. Podrá utilizar uno de estos modelos o utilizar los tres o algún otro que desee.

El maestro podrá dibujar la pista en una tela y fijar esta tela en un icopor y colocarlo en un trípode, haciendo que sea de fácil visualización por parte de los alumnos. Por estar fijada a un icopor los carros podrán ser simulados a través de alfileres de colores, cada color ejemplificando uno de los equipos de la carrera. También puede dibujar la pista en la pizarra, o proyectarla en el retroproyector.

Ejemplo de un modelo de una pista de autódromo:

1	2	3	4	5	6	7	8	9

El maestro debe formar grupos de 5 a 7 personas máximo y dar un color diferente a cada grupo, de acuerdo a los colores de los alfileres.

El maestro deberá entregar a cada grupo de alumnos un conjunto de 4 hojas donde tendrá las alternativas:

Falso/Falso

Verdadero/Verdadero

Falso/Verdadero

Verdadero/Falso

(Si utiliza la opción de preguntas Falso/Verdadero).

Si además de este tipo de preguntas están las de alternativa múltiple, deberá entregar a los alumnos las hojas con las opciones A/B/C/D/E. Y si además de estas hay preguntas para que los alumnos escriban sus respuestas, deberá darles algunas hojas en blanco.

Ejemplos de algunas preguntas:

○ *Falso/Verdadero:*

David fue el primer rey de Israel

Saúl sucedió a David en el trono de Israel

○ *Alternativa múltiple:*

Quién fue el primer rey de Israel:

a) Moisés

b) Abraham

c) Josué

d) Saúl

e) David

○ *Escribir en una hoja en blanco:*

Escriba el nombre del primer rey de Israel

Ejecución del Juego:

Al empezar el autódromo, el maestro leerá la primera pregunta, dando un tiempo aproximado de 30 segundos para que el grupo escoja su respuesta o la escriba. Terminado el tiempo, un representante del grupo da su respuesta. El maestro verificará la respuesta de cada grupo y dará la respuesta correcta.

El maestro deberá registrar la evolución del grupo andando con los carros (alfileres) en los cuadros de la pista del autódromo, de acuerdo con la cantidad de respuestas correctas del grupo.

El maestro leerá una nueva pregunta, los alumnos escogerán la alternativa o responderán a la pregunta y el maestro va registrando la evolución o no de los equipos en la pista del autódromo.

Al grupo que termine en primer lugar la pista del autódromo, el maestro podrá premiarlo de acuerdo con su disponibilidad.

 84

Triqui / Ta-te-ti

Una forma dinámica e interesante de hacer una recapitulación de una materia es a través del conocido triqui. El maestro deberá disponer 9 sillas (3 líneas en 3 columnas de sillas) para que en ellas se sienten los alumnos.

El maestro deberá dividir sus alumnos en grupos de 9 personas, para que compitiendo entre sí, cada grupo intente alcanzar el objetivo que es completar una secuencia de 3.

Disposición de los alumnos para el triqui:

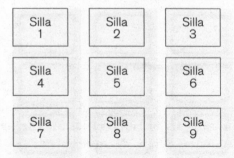

El maestro elaborará una lista de preguntas y deberá seguir la secuencia de su lista, independiente del alumno a quien la pregunta será dirigida, o sea, no seleccionar una pregunta fácil para un alumno con menos conocimiento y una pregunta más difícil para el alumno que domina la materia.

Ya que el objetivo de la competencia es completar una secuencia, los propios alumnos de cada grupo son los que escogerán a quién el maestro deberá hacer la pregunta.

La competencia empieza con todo el primer grupo sentado en las sillas organizadas por el maestro. El grupo selecciona a quién deberá ser hecha la primera pregunta. Si la respuesta es correcta, los alumnos escogerán el próximo para responder, teniendo siempre en mente completar una secuencia. Si la respuesta es incorrecta, el alumno deberá salir de la silla, dificultando así la finalización del juego.

Ventajas

Este es un juego interesante porque con apenas 3 respuestas correctas, el grupo podrá concluir. E inclusive con respuestas equivocadas existen aún posibilidades de alcanzar el objetivo, completando una secuencia.

Aun siendo un juego, la pregunta deberá ser hecha a cada individuo y solamente el alumno a quien se le hizo la pregunta deberá responder, no pudiendo tener ninguna ayuda de otras personas del grupo.

Al grupo que consiga completar la secuencia el maestro le da un premio.

85   Papa caliente

Después de una serie de clases, el maestro deberá elaborar una serie de preguntas y escribirlas en varias tiras de papel. Estas tiras deberán ser colocadas dentro de un recipiente abierto, al que llamaremos *Papa Caliente*.

A continuación, el maestro deberá formar un gran círculo con los alumnos, sentados en sus sillas o de pie.

El maestro deberá conseguir a una persona que toque algún instrumento musical o coloque algún equipo de sonido que suene durante el juego. La persona que toca el instrumento musical o controla el equipo de sonido estará de espaldas al círculo de alumnos.

El juego comienza cuando la persona empieza a tocar el instrumento musical o prende el equipo de sonido. Mientras haya sonido, la *Papa Caliente* con las preguntas va pasando de mano en mano. Cuando la música para, la persona que esté con la *Papa Caliente* sacará una pregunta para responder. Si responde correctamente gana un pequeño premio (un bombón, un dulce, un adhesivo, etc.).

En la secuencia del juego la persona continúa tocando el instrumento y la *Papa Caliente* continúa pasando por las personas hasta que el sonido pare y así por adelante, hasta que terminen las preguntas elaboradas por el maestro. Una persona puede responder varias preguntas y otras personas no tendrán la oportunidad de responder ninguna.

86 Bingo

El Bingo es una técnica de recapitulación que provoca mucho entusiasmo entre los alumnos, pues por medio de un juego, el alumno puede repasar todo el contenido de la materia, así como involucrarse en una competencia dinámica e interesante.

La preparación del mismo puede ser un poco trabajosa, pero con un poco de habilidad en un computador, en poco tiempo el maestro tendrá todo el material para la realización de esta dinámica.

En primer lugar, el maestro elaborará su lista de preguntas objetivas. Después el maestro deberá preparar las fichas de acuerdo al número de alumnos. En estas fichas, el maestro colocará las respuestas a las preguntas que él formuló. Las respuestas estarán distribuidas aleatoriamente entre las fichas.

Puede ser una ficha con cuatro, seis o nueve respuestas, dependiendo del contenido de la materia que desea ser verificada y del número de alumnos.

El maestro hará entonces la pregunta y el alumno que tenga la respuesta y la responda correctamente colocará un frijol o algún otro material designado por el maestro en su ficha sobre la respuesta correcta. Las respuestas estarán distribuidas aleatoriamente entre las fichas.

Ejemplo de una ficha:

Respuesta de la pregunta 1	Respuesta de la pregunta 5	Respuesta de la pregunta 12
Respuesta de la pregunta 25	Respuesta de la pregunta 31	Respuesta de la pregunta 32
Respuesta de la pregunta 39	Respuesta de la pregunta 45	Respuesta de la pregunta 50

El maestro hará todas las preguntas de su lista y los alumnos irán llenando sus fichas de acuerdo con las alternativas de las respuestas correctas.

Para que sea una recapitulación real, el maestro deberá enfatizar cada una de las respuestas, independientemente del clima emocional que esté ocurriendo entre los alumnos. Recuerde que el objetivo es rever toda la materia.

El único inconveniente del bingo es que para vencer, completando su ficha antes que nadie, el alumno depende del factor suerte, pues él puede tener un buen conocimiento de la materia, pero las preguntas cuyas respuestas están en su ficha demoran en aparecer.

Finalización:

El Bingo termina cuando uno de los alumnos es el primero en llenar su ficha. El maestro podrá premiar al vencedor de acuerdo con las posibilidades.

87 ¿Quién quiere ser millonario?

Material necesario: Un "juego" de preguntas (alternativa múltiple, 4 respuestas posibles) que recapitulen la materia, con dificultad progresiva. Premios (opcional).

Procedimiento: El maestro empieza con un sorteo o, si quiere, una pregunta eliminatoria para todos los alumnos. El primer alumno con la respuesta correcta gana el derecho de jugar "¿Quién quiere ser millonario?", respondiendo las otras preguntas.

Comienza con la pregunta más fácil que vale 1000 puntos. El participante tiene 5 opciones:

1) responder la pregunta solo
2) saltar la pregunta (puede usar esa opción hasta 3 veces)
3) pedir ayuda de un "experto" seleccionado del grupo
4) consultar las "carteleras" (la clase)
5) escoger una de 4 cartas (con los números "0", "1", "2", "3" escritos, cada número representando cuantas respuestas erradas que serán eliminadas en aquella cuestión)

Después que el alumno da su respuesta el maestro debe preguntar, "¿Seguro?". El alumno pasa de nivel a nivel hasta que se equivoque en una pregunta o decida parar en el nivel en el que ya está. Los puntos recibidos pueden valer como "bono" en la materia, como puntos en un concurso de Escuela Bíblica Dominical, o el maestro puede establecer otros premios.

Los niveles de las preguntas:

1000	10.000	100.000	1.000.000
2000	20.000	200.000	
3000	30.000	300.000	
4000	40.000	400.000	
5000	50.000	500.000	

88 Peligro

Material necesario: 4 o 5 preguntas para cada una de las 5 categorías que reflejan las grandes divisiones del contenido de la materia; las preguntas deben ser progresivamente más difíciles para reflejar una puntuación más grande; premios.

"Peligro" es un juego de revisión en el que la clase es dividida en 2 equipos. En la pizarra (o retroproyector) se deben escribir las 5 categorías de preguntas de acuerdo al contenido del currículo ya enseñado. Debajo de cada categoría, se escriben los números 10, 20, 30, 40, 50 que corresponden al número de puntos que cada pregunta vale. Vea este ejemplo, usando categorías de la materia "Panorama Bíblico":

Historia	Personajes	Temas	Cronología	Versículo Clave
10	10	10	10	10
20	20	20	20	20
30	30	30	30	30
40	40	40	40	40
50	50	50	50	50

La primera persona del equipo "A" empieza escogiendo una categoría. El maestro lee la pregunta de 10 puntos en aquella categoría. Si la persona consigue responder, su equipo gana los puntos (decida antes si el equipo puede ayudar con la respuesta). Si el alumno se equivoca, la pregunta pasa al equipo "B". Si el equipo B también se equivoca, el maestro da la respuesta correcta. Ahora un alumno del equipo B escoge una categoría (puede ser la misma categoría como la primera pregunta, que ahora vale 20 puntos). Las preguntas necesitan ser respondidas en orden (de 10 hasta 50 puntos). Continué hasta terminar todas las preguntas o agotar el tiempo. Puede dar un premio al equipo ganador.

Variación: Antes de empezar el juego, el maestro puede escoger una o dos preguntas como "peligro doble", que significa que la pregunta vale el DOBLE del valor estipulado. Eso hará más dinámico el juego y tal vez dé esperanza al equipo que está perdiendo.

89 Susurro

Para esta actividad el maestro podrá utilizar la misma lista de preguntas cerradas que fue sugerida para el Autódromo (vea en páginas anteriores).

Los alumnos forman sus propios equipos, totalizando de 5 a 7 alumnos en cada uno (dependiendo del número de alumnos en el salón de clase). Pero a diferencia del autódromo, los alumnos no participarán juntos en esta actividad. Ellos tendrán una participación individual, pero individualmente darán o no puntos a su equipo.

El maestro, entonces, formará parejas entre los alumnos (utilizando, por ejemplo, los números de la lista de asistencia). Pero esta pareja sólo puede ser formada con integrantes de equipos diferentes, o sea, adversarios.

Las parejas "adversarias" quedarán lado a lado, y cada persona con una hoja en blanco. Entonces, el maestro leerá las preguntas dobles y cada participante anotará su respuesta, sin que su adversario al lado la vea.

El maestro da la respuesta correcta y cada alumno marca su punto si su respuesta fue correcta. Acto seguido el maestro presenta la pregunta dos y repite como en la primera. 10 a 15 preguntas constituyen un juego, cerrando esa fase.

Entonces se pasa a la fase en la que se verificará el número de puntos hechos por cada equipo. Hasta entonces no se sabe cuál fue el equipo vencedor, pues apenas los alumnos, individualmente, saben cuantas preguntas fueron acertadas por ellos. El equipo, como un todo, no puede saber el número de sus puntos, porque aun habiendo celebración individual de los alumnos en cada acierto, es muy difícil controlar el número de puntos del equipo, porque los alumnos, en ese momento de la competencia, están preocupados en responder correctamente sus preguntas.

El maestro pedirá que los miembros de un mismo equipo se coloquen de pie (estos están esparcidos en diferentes parejas) y cada alumno dirá el número de preguntas acertadas. No existe posibilidad que un alumno engañe, diciendo un número diferente de las respuestas realmente acertadas por él, porque una de las funciones de su adversario es verificar las respuestas de su compañero de pareja y controlar el número de preguntas que acertó. Se suman, entonces, los puntos de cada equipo y se premia al equipo vencedor.

90 Doble o nada

Esta es una actividad de recapitulación muy interesante y que motiva de forma bastante intensa a cada uno de sus participantes. Por ser una actividad que involucra mucha responsabilidad en la respuesta de cada alumno, con seguridad pondrá nervioso a quien esté respondiendo las preguntas individualmente.

El maestro deberá dividir su clase en diversos equipos (de aproximadamente 5 alumnos). Entonces el maestro tendrá una lista de preguntas cerradas (Falso/Verdadero, alternativa múltiple o simplemente tener que responder a una pregunta).

El maestro sortea un equipo para empezar el juego. El equipo sorteado escoge un alumno para que vaya adelante y responda una pregunta cerrada hecha por el maestro. El alumno escribe su respuesta y la entrega al maestro que verificará si acertó o se equivocó. Acertando o equivocándose el participante regresa a su equipo y un compañero de su equipo lo remplazará. Si acertó la pregunta el alumno ganará, por ejemplo,10 puntos para su equipo.

Si el primer representante respondió correctamente, el segundo representante responderá dos preguntas formuladas por el maestro. Si las responde correctamente recibirá el doble del valor de la primera, por tanto 20 puntos. Pero si se equivoca en una o las dos, el equipo volverá a tener 0 puntos y se pasa a un nuevo representante del equipo, que tendrá que responder solamente a una pregunta (comienza todo de nuevo para aquel equipo). Si el segundo representante acertó las dos preguntas y recibió 20 puntos, el tercer representante será llamado al frente y tendrá que responder 3 preguntas y si las responde correctamente recibirá 30 puntos, pero si se equivoca en cualquiera de las 3, su equipo volverá a tener cero puntos, anulando los puntos ya obtenidos por los representantes anteriores.

Cuando todos los representantes de aquel equipo hayan ido al frente para responder las preguntas se pasa al otro equipo. Cuando los representantes de todos los equipos hayan respondido las preguntas, se vuelve al primer equipo.

Con esta técnica, cada equipo estará en una situación diferente. Por ejemplo, el representante del equipo A responderá a 3 preguntas, y del equipo B, a cuatro y el del equipo C a 1, todo esto dependiendo de los representantes anteriores de cada equipo.

Advertencia:

Como este tipo de actividad influye mucho en los nervios de cada participante, por causa de su gran responsabilidad, el maestro tendrá que seleccionar muy bien las preguntas que sean hechas, para no desanimar a los equipos que están participando, volviendo todos ellos constantemente a tener cero puntos por causa de algún error de los alumnos. De esta manera, es necesaria mucha habilidad del maestro para mantener un clima de buen involucramiento e interés por parte de todos los alumnos durante toda esta dinámica de recapitulación.

91 Pregunte usted mismo

Esta técnica tiene la finalidad de verificar el nivel de aprendizaje por parte de los alumnos.

El maestro divide la clase en grupos (preferiblemente grupos de 5 alumnos máximo para que haya una participación más grande entre todos los miembros del grupo). Cada grupo recibe la tarea de preparar 10 preguntas sobre el asunto estudiado en la última serie de clases.

El maestro sortea un alumno para que este haga una de sus 10 preguntas a cualquier participante de cualquier grupo.

Si el participante escogido responde correctamente la pregunta (y quien juzga si acertó o no es el propio maestro), el grupo de este alumno gana el punto por acertar y gana el derecho de hacer la siguiente pregunta.

Si la respuesta no es correcta, el participante entrevistador repite la pregunta a otro participante de otro grupo.

Si después de tres intentos la pregunta no recibe respuesta de ningún participante de otro grupo, entonces el propio grupo dará la respuesta y ganará el punto, continuando con el derecho de hacer preguntas a otro participante de cualquiera de los grupos.

La actividad termina cuando todas las preguntas propuestas por el grupo se acaben.

Al terminar las preguntas el maestro dará el resultado de los puntos de cada grupo y premiará al grupo (de acuerdo con sus posibilidades) que haya obtenido la mayor cantidad de puntos.

Advertencia:

Una tendencia en una actividad como esta es la de hacer preguntas muy difíciles. Pero antes del inicio de la actividad el maestro tendrá que examinar las preguntas hechas por los alumnos para que no se salga del nivel deseado por el maestro, frente al asunto que fue enseñado en clase.

92   Alcanzando el corazón

Después de una serie de clases sobre un determinado tema, es muy importante que el maestro invierta un tiempo con sus alumnos recordando lo que fue enseñado en clase y cuáles fueron las implicaciones de aquellas enseñanzas en la vida de sus alumnos. Muchas de las actividades de recapitulación mostradas en este libro están relacionadas con lo que ellos aprendieron cognitivamente, pero el objetivo de esta recapitulación específica es lo que ellos colocaron en práctica en sus vidas.

El maestro deberá hacer un gran círculo con las sillas para que los alumnos, mirándose unos a otros, puedan compartir lo que se llevó a la práctica en la vida de ellos después de aquella serie de estudios.

El maestro colocará varias tarjetas pegadas con cinta de enmascarar en la pizarra. En el lado que queda expuesto las tarjetas podrán tener escrito, a mano o impreso del computador, el tema de aquella serie.

En el lado de atrás el maestro podrá escribir algunas preguntas que los alumnos deberán responder en ese tiempo.

Ejemplos de preguntas:

- ➲ Cite alguna cosa que usted puso en práctica como resultado de esta serie de estudios.
- ➲ A la hora de poner en práctica, ¿en qué ha sentido más dificultad?
- ➲ Recuerde un texto bíblico que le llamó la atención con relación al asunto y por qué.
- ➲ Cite el nombre de una persona que ha sido un ejemplo al vivir estas enseñanzas.
- ➲ Cite una lección aprendida en esta serie.
- ➲ Comparta un pedido de oración específico con relación a lo que fue estudiado en este período.

El alumno no sabe lo que está escrito en el papel que él va a coger. Pero tendrá que compartir lo que está escrito allí.

Es una excelente oportunidad para verificar lo que fue estudiado y cómo aquellas enseñanzas han sido practicadas por sus alumnos.

93   Juegos de revisión

Material necesario: Preguntas de revisión preparadas por el maestro (intente equilibrar las preguntas en términos de dificultad); pizarra o transparencia con dibujo de la modalidad (deporte) elegida; premios (opcional).

Procedimiento: Con un poco de creatividad, casi cualquier deporte puede ser transformado en juego de revisión. Basta adaptar las reglas para involucrar la mayor cantidad de la clase como sea posible. En cado caso, el maestro debe dividir el grupo en dos equipos, y dibujar la cancha de la modalidad escogida en el tablero o en una transparencia. Los jugadores de dos equipos también deben ser dibujados en la cancha, con "X" y "O" representando cada jugador en posiciones de ataque y defensa. Vea el siguiente ejemplo, de una cancha de fútbol:

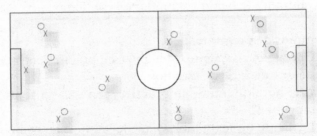

El maestro decide cuál equipo empieza con el balón, o puede lanzar una pregunta eliminatoria (el equipo que responda primero recibe el balón). El maestro también debe aclarar las reglas del juego, especialmente el número de preguntas (pases) necesarias antes que el equipo pueda patear al arco.

Por ejemplo, en el fútbol, puede establecer la regla de 3 pases (preguntas) correctas para entregar el "balón" al pie del medio campista, y una última pregunta como "tiro" al arco. En el *volley ball*, serían dos preguntas (levantamientos) antes de la "cortada" (tercera pregunta) para marcar el punto.

Si el equipo se equivoca en cualquiera de las preguntas, el balón pasa inmediatamente al opositor, que empieza su avance en dirección al otro arco.

Después del tiro, la defensa también tiene la oportunidad de defender, respondiendo otra pregunta. Si responde correctamente, consiguió defender, y mantiene la posesión del balón, avanzando ahora hacia el otro arco. Si se equivoca en la defensa, cuenta como gol (o punto) para el equipo que pateó.

Adapte las reglas de acuerdo a la modalidad predilecta del grupo:

Fútbol, *Volley Ball,* **Baloncesto, Tenis**
Gana el equipo que está ganando cuando termine el tiempo.

94 Escudo[22]

De la misma manera como un "escudo familiar" resume algunas características y otros datos sobre una familia, el "escudo" en la enseñanza sirve para resumir lo que el alumno aprendió en una clase o en un semestre.

Cada alumno debe dibujar en una hoja de papel un escudo que servirá como escudo de armas. Debe ser dividido en cuatro partes con una línea vertical y horizontal formando una cruz. En cada cuadrado el alumno debe colocar figuras, dibujos, y otros símbolos que representan lo que él notó como lo más destacado de la clase.

Después que todos hayan completado su escudo, deben mostrarlos y explicar el significado de cada detalle. El maestro puede guardar los mejores, o hacer una exhibición de todos en un día especial.

95 Evaluaciones y pruebas

La forma clásica de hacer una recapitulación de una materia es a través de evaluaciones y pruebas. Desgraciadamente la mayoría de los maestros no explotan esa excelente técnica de la mejor forma posible. Por ejemplo, muchas veces la corrección de la prueba es hecha por el maestro, mucho tiempo después de la clase, sin devolución de la prueba y sin corrección de los errores por el alumno. Lo ideal en términos de la utilización de la prueba como forma de recapitulación es que los propios alumnos corrijan la

[22] Reed, *Creative Bible Learning,* pp 174-175.

prueba inmediatamente después de hacerla, y que corrijan sus errores.

Una creatividad más grande en la elaboración de pruebas y exámenes también despertará un aprendizaje más grande en los alumnos. A continuación, hicimos una lista de algunas ideas para variar el tipo de evaluación o prueba dada por el maestro:

- Entrevista personal
- Presentación oral
- Recitado
- Testimonio personal (sobre aprendizaje en el semestre)
- Crucigramas
- Asociación (relacionar conceptos y definiciones)
- Línea del tiempo
- ¿Qué está mal? (Corrige la historia)
- Verdadero/Falso
- Ensayo
- Llenar el espacio
- Estudio de Caso (problema-solución)
- Paráfrasis de texto
- Examen "libro-abierto"

96　Preparar una prueba

Muchos maestros tienen una lucha muy grande para elaborar una prueba apropiada que realmente cubra la materia. ¿Pero, por qué no pedir que los propios alumnos preparen la prueba?

Ese ejercicio obliga el alumno a lidiar con toda la materia, y de forma creativa. Deben preparar una prueba junto con las respuestas. Algunos maestros han usado esa tarea en vez de un examen final, pues acaba produciendo el efecto deseado —una buena recapitulación de toda la materia.

97 Ahora le toca a usted

Esta técnica funciona bien cuando los alumnos creen que ya saben todo sobre una historia, y necesitan ser desafiados a considerar nuevos ángulos y nuevas lecciones.

El maestro debe explicar que la historia será contada en relevos. Empieza contando la historia de la lección bíblica con mucho detalle e imaginación "santificada", pero de un momento a otro para en la mitad y le da una palmadita en el hombro a algún miembro de la clase. Esa segunda persona tiene la responsabilidad de continuar la historia exactamente donde el maestro terminó, incrementando más detalles y avanzando la historia hasta el punto en que también para y toca a otro, que a su vez hace lo mismo. Continúa hasta terminar la historia.

Al terminar, el maestro debe corregir detalles equivocados y/o dirigir una discusión sobre los eventos y principios que la historia enseña.

IDEAS PARA EL CONTROL (DISCIPLINA) EN CLASE[23]

Este volumen no quedaría completo sin por lo menos algunas sugerencias de ideas para mantener la disciplina del grupo. Reconocemos que esa es una tarea que corresponde principalmente a los padres. También reconocemos que la mayoría de los padres ha fallado en su tarea de criar hijos disciplinados y obedientes. Muchos maestros hoy merecen una medalla por la perseverancia y valor que han exhibido frente a clases muy grandes, sin recursos didácticos, sin mucho apoyo en los hogares. Ofrecemos algunas sugerencias que podrían ser herramientas para el maestro en el intento de mantener el orden y un ambiente propicio para el aprendizaje en su clase.

98 Cambio de ambiente

Una de las técnicas didácticas naturales de Jesús fue el cambio de contexto de aprendizaje. El ministerio de Jesús fue un ministerio "peripatético" o sea, ambulante (del verbo griego peripateo, "andar").

Para la mayoría de los maestros de hoy, no es posible tener un ministerio "peripatético". Pero la mayoría puede (y debe)

---

[23] Para más sugerencias sobre cómo mantener la disciplina en el salón de clase, vea el librito por Sharon R. Berry, *100 Idéias que Funcionam: Disciplina na Sala de Aula*, publicado por la Association of Christian Schools International y distribuído en Brasil por la Pan American Christian Academy, Rua Cássio de Campos Nogueira, 393—São Paulo, SP 04829-310. - Brasil Pedidos: (11) 5928-9655.

experimentar con dos formas de estimular el aprendizaje que también ayuda a mantener la disciplina, por el cambio del contexto de la clase:

1) Disposición de la clase: El simple cambio del arreglo de un salón de clase puede ser suficiente para despertar una nueva curiosidad en los alumnos, especialmente cuando el cambio está asociado a un nuevo método de enseñanza. Voltear todas las sillas para atrás; hacer un semicírculo; colocar la mesa del maestro en el centro de la clase, todas son maneras fáciles de inyectar un nuevo ánimo en el grupo y escapar de la monotonía de la clase.

2) Salidas especiales: Hemos usado ese método en aquellos días en la mitad del semestre cuando ni el maestro y mucho menos los alumnos aguantan estar "presos" en un salón de clase. Cuando sea posible, pida a cada alumno coger su silla o pupitre y busque un lugar más cerca de la naturaleza (¡pero distante de distracciones como otras personas curiosas!). Nuestros alumnos se han emocionado con este simple cambio, que trae un gusto especial a aquella clase.

99 Asientos asignados

A pesar de ser una "técnica de disciplina" antigua, asignar el lugar donde cada alumno se va a sentar aún da al maestro más control sobre el grupo. Los alumnos que siempre "alborotan" con los mismos compañeros deben ser separados; los alumnos con dificultades de aprendizaje pueden sentarse al lado de algunos alumnos con más habilidad.

El maestro no necesita siempre escoger los asientos, pero puede ser creativo en la manera de designarlos. Por ejemplo, puede colocar los nombres de todos los alumnos en un frasco y sacarlos uno a uno de acuerdo al lugar en que deben quedar.

100 Oración por los alumnos

Tal vez sea tan obvio que a veces olvidamos orar por los alumnos, ¡especialmente aquellos que nos dejan despiertos por la noche! En el primer año de nuestro matrimonio, mi esposa dictaba clases en una escuela pública en uno de los peores barrios de una ciudad grande. Ella, recién graduada, en el primer año de enseñanza, recibió el peor grupo de la escuela, los "restos" de todos los delincuentes de las otras clases. Ella se sentía mal casi todos los días mientras íbamos hacia la escuela. De las muchas "técnicas" de disciplina, la que más "funcionó" fue la oración por los alumnos. La oración no fue solamente particular —ella reclutó parientes, amigos, iglesias y otros para orar específicamente por los alumnos de ella, nombre por nombre. Y, claro está que las personas que oraron por los alumnos de ella también oraron por ella. Dios transformó la vida de muchos de ellos, y permitió que mi esposa sobreviviera a una situación extremadamente difícil.

101 Otras ideas

Enumeramos aquí otras sugerencias que pueden ayudar al maestro a mantener la disciplina y el control de su clase:

- Establecer claramente las reglas de su clase.
- ¡Usar ideas creativas para mantener al grupo siempre atento!
- Evitar un salón de clase desorganizado y desordenado.
- Dar desafíos específicos y atractivos a los alumnos más "vivos".
- Dar expresiones de amor y afirmación individual apropiadas.
- Intentar relacionarse con los alumnos fuera del salón de clase.
- Reclutar al alumno problemático como "aliado", ayudante, etc. dándole trabajos dignos (pero sin premiarlo por la desobediencia).

- Escribir una nota de estímulo o llamar a su casa.
- Premiar comportamientos adecuados a través de etiquetas, pequeños recuerdos, puntos, etc.
- Reconocer mejorías, aunque sean pequeñas, en los alumnos.
- Escribir o llamar a los padres informándoles sobre los problemas en la clase.
- Nunca olvidar que usted es autoridad en la vida de los alumnos, no el "amigazo" de ellos.
- Sacar de en medio del grupo al alumno que insiste en desobedecer.
- Lidiar con problemas disciplinarios individualmente, con firmeza y amor, sin avergonzar al alumno.
- Hacer silencio o hablar en voz baja para aquietar al grupo.
- Pedir la ayuda de un supervisor o ayudante en el salón para quedarse al lado del alumno difícil o lidiar con él individualmente.